我爱灿烂的五千年

了解一方文明从一座博物馆开始

文物没有呼吸
却有不朽的灵魂和生命
穿越千年与我们相逢

一本博物馆
全国博物馆通识系列

广西壮族自治区博物馆

广西壮族自治区博物馆　编著

四川人民出版社

图书在版编目（CIP）数据

广西壮族自治区博物馆 / 广西壮族自治区博物馆编著. -- 成都：四川人民出版社，2024.10. -- （全国博物馆通识系列：一本博物馆）. -- ISBN 978-7-220-13724-2

Ⅰ.G269.276.7

中国国家版本馆 CIP 数据核字第 2024K1X198 号

GUANGXI ZHUANGZU ZIZHIQU BOWUGUAN
广西壮族自治区博物馆
广西壮族自治区博物馆 编著

出 版 人	黄立新
选题策划	北京增艳锦添
统筹编辑	蒋科兰　李天果
责任编辑	李京京
特约编辑	李天果　温　浩
责任校对	吴　玥　林　泉
特约校对	陈　静
责任印制	周　奇
装帧设计	北京增艳锦添　沈璜斌
出版发行	四川人民出版社（成都市锦江区三色路 238 号）
网　　址	http://www.scpph.com
E-mail	scrmcbs@sina.com
新浪微博	@四川人民出版社
微信公众号	四川人民出版社
发行部业务电话	（028）86361653　86361656
防盗版举报电话	（028）86361653
照　　排	北京增艳锦添企业形象策划有限公司
印　　刷	成都市东辰印艺科技有限公司
成品尺寸	155mm×220mm
印　　张	19.75
字　　数	230 千
版　　次	2024 年 10 月第 1 版
印　　次	2024 年 10 月第 1 次印刷
书　　号	ISBN 978-7-220-13724-2
定　　价	99.00 元

■版权所有·侵权必究

本书若出现印装质量问题，请与我社发行部联系调换

电话：（028）86361653

《一本博物馆 广西壮族自治区博物馆》编写委员会

主　　编	韦　江　曹增艳
副 主 编	苏兴周　陆文东　唐剑玲　潘　汁　温　浩
编委成员	韦　玲　李世佳　李欣妍　陈紫茹　沈文杰
	沈　婧　严焕香　黄秋雯　黄　春　蓝武芳
	李天果　殷莲莲　席翠翠　岳娜娜
插画设计	闵宇璠　罗　玉　赵　静
平面设计	翁玲玲　孙　博　赵海燕
设计指导	刘晓霓
内容撰稿	韦　玲　李世佳　李欣妍　陈紫茹　沈　婧
	严焕香　黄秋雯　黄　春　蓝武芳
诗句撰稿	曹增艳　张富遐
统　　稿	沈文杰　曹增艳
图片拍摄	张　磊　黄嵩和　韦加军
书　　法	张其亮

选题策划	北京增艳锦添企业形象策划有限公司
	潍坊增艳企划发展有限公司
资料提供	广西壮族自治区博物馆

前言

为什么出版"一本博物馆"系列图书？我们曾经反复追问自己，试图把这个问题表述清楚。

你是否有过这样的经历？每到一个地方，因为慕名而来，也因为带着一份好奇和对文化的膜拜，一定要参观一次当地的博物馆。于是，花费一两个小时，走马观花，耳目中塞满了没有任何基础铺垫的知识，看过博物馆只能说出其中几件知名度极高的藏品。绝大多数的观众穿越千山万水，可能一生中仅有一次机会与这些承载几千年历史的古物相见，而这一次起到的作用仅仅是"有助谈资"，对博物馆里真正的宝藏，仅算瞥了一眼。

大家需要"一本博物馆"

博物馆不是普通旅游景点，其中陈列着数以万计的文物，背后藏着丰富的文化内容。如果参观博物馆前不认真准备一番，只是匆匆走过，难免像看了一堆陈旧物品的"文化邮差"。参观博物馆前预习，参观时看到文物才会与它似曾相识；参观博物馆后温习，回味给自己留下深刻印象的内容和文化脉络，如此，才算基本了解一座博物馆。

博物馆里有一锅"文化粥"

如果说，考古是人类文明的"第一现场"，那么，博物馆则是"第二现场"，从发掘转向了收藏和展示。在博物馆中，人类文明被高度浓缩，大众得以与历史直面。

美国盲人作家海伦·凯勒曾在《假如给我三天光明》一书中写道，如果拥有三天光明，她会选择一天去博物馆："这一天，我将向过去和现在的世界匆忙瞥一眼。我想看看人类进步的奇观，那变化无穷的万古千年，这么多的年代，怎么能被压缩成一天呢？当然是通过博物馆。"

博物馆有多种类型：综合的、历史的、自然的、艺术的、科技的、特殊类型的，等等。博物馆里有百科，是一锅熬了千百年、包罗万象并经过系统整理、直观呈现人类文明的"文化粥"。

文物是眼见为实的历史

文物是眼见为实的历史，即使学者们对此解读有争议，起码也是在实证的基础上进行的。如此，我们便更能了解历史的原貌，这是对历史的尊重。

文物是形象化的记忆

事物容易被记住往往首先是因为它有趣的形式。千言万语不及一张图。有学者推算，我们一般人"记忆中的语言信息量和形象信息量的比率为1∶1000"。文物正是因其有趣的形式、直观的形象，比文字记录更让人印象深刻。

文化是民族的血脉和灵魂

文化是民族的血脉和灵魂。一个国家、一个民族、一个家族、一个人的自信不仅缘于有多少财富、多大权力，还缘于其深厚的文化底蕴。好比我们以自己的家世为荣，有一天，拿着母亲的照片对别人说："这是我母亲年轻的时候，她也曾经风华绝代呢。"

如上缘起，博物馆专家团队与北京增艳锦添，联合出版"一本博物馆"系列丛书，根据每个博物馆展览陈列的线索，尽可能多地选取每个展厅中的文物，将翔实的内容、严谨的知识用通俗的语言表达出来，以有趣的形式呈现。我们的目的只有一个：大家拿着"一本博物馆"，走进一座博物馆，爱上连绵不断的中华文明。

序

广西是我国少数民族人口最多的自治区，沿江、沿海、沿边，是与东盟陆海相连的唯一省份。这里有甲天下的山水盛景，说不尽的民族风情，还有璀璨的历史文化。千百年来，八桂山水孕育了"特点鲜明、和而不同"的广西古代文明，使其成为源远流长的中华文明的有机组成部分。

广西壮族自治区博物馆（简称"广西博物馆"）是一座历史悠久的省（自治区）级历史、艺术类综合性博物馆，长期承担着收藏、保护、研究、宣传、展示广西历史文化遗产的任务，形成了"内外结合、动静相辅，有声有色、有滋有味"的办馆特色。广西博物馆馆苑结合，文化韵味和地气烟火兼容，是一座"夜不打烊、全年无休"的博物馆。在这里，观众既可于室内观展体验，也可于室外休闲娱乐，欣赏民族建筑，观看民族风情表演，品味特色美食。

2022年11月，闭馆改扩建四年后的广西博物馆闪亮登场。依托馆藏文物资源，本馆打造了"1+7+4+N"的展陈体系，即1个基本陈列、7个专题陈列、4个特色展览、N个互动区域。"广西古代文明陈列"是建馆以来第一个全面展示广西古代文明演变进程的基本陈列，以铸牢中华民族共同体意识为主线，彰显广西在中华民族多元一体格局中的重要作用；"合浦启航——广西汉代海上丝绸之路"是国内首个以汉代海上丝绸之路为主题的常设展览。两个展览共展出1253件（套）文物，共同阐释了广西古代文明"悠久、多元、融合、开放、同心"的特点。"釉彩斑斓——馆藏瓷器陈列"以釉彩作引，以时代为序，展出馆藏200余件（套）精品瓷器，展现其艺术之美与历史文化内涵，进而反映社会的审美变化与文化的交流交融，充分展示中国瓷器延续至今的深远影响。"匠心器韵——馆藏工艺珍品陈列"展出200余件（套）馆藏历代工艺美术文物珍品，展现中国古代工艺美术悠久的历史、别具一格的风范、精湛的技艺和丰富多样的形态，让观众从中感受古代工匠高超的艺术想象力和创造力，感悟中华文明的悠久与醇厚。"图会前贤——馆藏明清文人画家作品陈列""亦器亦趣——馆藏文房用具陈列""万卷·书生——馆藏古籍陈列"三个展览以"文人"精神铸魂，相辅相成，常换常新，打造"大主题"展览。"广西古代铜鼓文化数字化陈列"是国内外首个铜鼓专题的数字化展厅，打造了铜鼓文化线上知识图谱平台与线下数字展。

借着"全国博物馆通识系列·一本博物馆"之《广西壮族自治区博物馆》图书的策划出版，我们挑选了部分展览展品向读者呈现，希望读者能借助本书，走进广西博物馆，更好地了解文物背后的历史，历史背后的文化，文化蕴含的力量，发现广西文化的魅力，领略广西文化的精髓，体悟中华文明的博大精深。

韦江

广西壮族自治区博物馆馆长
2024年4月18日

目录

了解广西壮族自治区博物馆
广西壮族自治区博物馆导视图 /002
广西壮族自治区博物馆简介 /004

广西古代文明陈列

第一部分 文明曙光(史前时期)

人类远祖
木榄山智人化石 /010
柳江人化石 /011
娅怀洞人化石 /012

破石谋生
手斧 /013
砍砸器 /014
手镐 /014
石斧 /015
有肩石斧 /016

岩洞栖息
素面夹砂陶釜残片(陶雏器)/017

采贝捞螺
蚝蛎啄 /018
穿孔蚌刀 /019

磨石种稻
炭化稻 /020
石磨盘 / 石磨棒 /021
楔形双肩大石铲 /023
绳纹圜底陶釜 /024
骨牙璋 /025

第二部分　瓯风骆韵（先秦时期）

兼容并蓄
兽面纹提梁铜卣 /026
兽耳变形蝉纹铜罍 /027
蟠虺纹铜鼎 /028
双虎耳蟠螭纹铜罍 /029
饕餮纹铜尊 /030
兽面纹铜甬钟 /031
"江鱼"铭铜戈 /032
圆首双箍铜剑 /033

瓯骆齐辉
云纹伞状形铜器与石范 /034
夔纹方格纹四系陶罐 / 雷纹方格纹陶釜 /035
靴形铜钺 /036
兽钮铜柱形器 /036
"告"铭提梁铜鼎 /037
铁足铜鼎 /038
竹叶形铜刮刀 /039
方格纹陶瓿 /040
人面弓形格云雷纹铜短剑 /041

壮美岩画

神秘岩葬
陶釜 / 三足陶罐 /044

第三部分　多元一体
（秦汉三国两晋南北朝时期）

凿通灵渠
三棱铜镞 /046
"半两"铜钱 /046

设郡筑城
瓦当 /047

越汉交融
"布、析、蓄"铭铜鼎 /048
铺首衔环铜匜 /049
漆绘铜盆 /050
蒜头型铜扁壶 /051
彩绘勾连云纹铜壶 / 环耳杯形铜盖壶 /052
漆绘提梁铜筒 /053
"縢"铭铜钫 /054
三足铜案 /055
"二斗少半"铭越式铜鼎 /056
"布"铭铜桶 /057

"劳邑执刲"蛇钮琥珀印 /058
"九真府"款陶提筒 /059
鎏金铜面具 /060
鎏金铜骑马俑 /061
铜六博棋盘 /062
铜跽坐俑（4件） /062

钟鼓和鸣
翔鹭纹铜鼓 /064
人面纹羊角钮铜钟／"布七斤"铭环钮铜钟 /066

百业俱兴
铁锸 /067
悬山顶干栏式铜仓 /068
方形合院式庑殿顶陶楼 /069
带圈陶屋 /070
龙首三眼铜灶 /071
龙首柄铜方匜 /072
跪俑足铜盘 /073
三凤钮铺首衔环铜簋 /073
扶桑树形铜灯 /074
黑漆耳杯 /075
羽纹铜凤灯 /076
谷纹高足玉杯 /078
龙形玉饰件 /079
龙凤象猴纹铜镜 /080
龙首玉带钩 /080

中国大宁博局纹鎏金铜镜 /081
四足方台座滑石囷 /082
刻花三羊钮陶盒 /083
长方形五俑三眼红陶灶 /084
贯耳滑石钫 /085
五联釉陶罐 /086
铜牛／铜狗 /087
青瓷钵 /088

扬帆出海
"阮"铭金饼／"大"铭金饼 /089
大铜马 /090
陶船 /091
承盘高足玻璃杯 /092
水晶串珠 /093
紫水晶串珠 /093
玻璃、石榴石、紫水晶串珠 /094
玉髓、玻璃、绿柱石、水晶串珠 /094

第四部分　经略有方（隋唐五代两宋时期）

肇建广西
"武夷县之印"铜印 /096
联珠纹瓦当 /096
海兽葡萄纹方形铜镜 /097
开元廿年宁道务墓志残碑 /097

修渠开河
"元和三"人物头像石刻及其拓片 /098

冶铸博易
錾花鎏金银摩竭 /099
"崇宁重宝"铜钱 /100

兴举瓷业
岭垌窑"宣和三年"款攀枝婴戏纹盏模 /101
永福窑青釉彩绘花腔腰鼓 /102
永福窑红釉模印花卉纹盏 /102
中和窑青白釉模印摩竭水波纹碗 /103
"本"款陶匣钵 /104
中和窑摩竭水波纹碗模 /105
中和窑"嘉熙二年"款莲池鹭鸶纹盏模 /105
严关窑"癸未"款海水双鱼纹印花碗模 /106

崇学重教
《独秀山新开石室记》石刻拓片 /107

胜览风物
"桂州兴安县人吏赵昶"铭银盂 /108
王正功题鹿鸣宴诗石刻拓片 /109

第五部分　边疆巩固（元明清时期）

土流并治
金凤饰件 /111
"田州土知府印"铜印 /112

安业养民

桂筑华章

文教兴盛
汪伦《重修桂林府学大成殿记》拓片 /115

合浦启航 —— 广西汉代海上丝绸之路

第一部分 跨洋过海：汉代海上丝绸之路贸易

扬帆远航海路通

奇珍异宝踏海来
角轮形玻璃环 /119
淡青色弦纹玻璃杯 /120
棱柱形水晶串珠 /121
绿柱石串珠 /121
琥珀串珠 /122
石榴石、玛瑙、紫水晶串珠 /122
玛瑙、红玉髓、蚀刻石髓串珠 /123
十二面金珠 /124

第二部分 兼容并蓄：科技传播与文化交流

互学互鉴传技艺
蓝色玻璃杯 /125
"庸毋"龟钮琥珀印 /126
蓝绿色玻璃串珠 /127
红玉髓耳珰 /128

多元文化相交融
铜博山炉 /129
胜形玻璃饰 /130
狮形玛瑙饰 /131
鸳鸯绿松石串珠 /131
陶钵生莲花器 /132
羽人座铜灯 /133
胡人俑座陶灯 /134

第三部分 江海相连：海上丝绸之路的辐射与延伸

进入八桂腹地
券篷双轮陶牛车 /136

通达大江南北
玻璃璧 /137
带盖铺首衔环铜樽 /138
弦纹双系陶匏壶 /139

釉彩斑斓 —— 馆藏瓷器陈列

第一部分　釉化千光

高温釉
龙泉窑粉青釉五管瓶 /143
龙泉窑青釉折枝荔枝纹菱口盘 /144
仿汝釉六弦纹尊 /145
东青釉缠枝莲纹螭耳瓶 /146
"敬畏堂制"款粉青釉暗刻双龙戏珠纹盘 /147
建窑兔毫盏 /148
德化窑白釉观音坐像 /149
豇豆红釉暗刻团螭纹太白尊 /150
霁红釉高足碗 /151
洒蓝釉描金山水人物图笔筒 /152
霁蓝釉描金桃树纹天球瓶 /153
紫金釉三联葫芦瓶 /154
窑变釉螭龙纹鱼篓尊 /155

低温釉
"燕喜同和"款珊瑚红釉描金"囍"字纹碗 /156
黄釉簠／黄釉簋 /157
孔雀绿釉八卦纹琮式瓶 /158
炉钧釉弦纹直颈瓶 /159
"浴德堂制"款仿木纹釉盆 /160

第二部分　彩绘万象

釉下彩
青花缠枝莲纹折沿盘 /162
青花山水人物图棒槌瓶 /163
青花缠枝牡丹纹将军罐 164
青花折枝花果纹六方瓶 /165
青花竹石芭蕉图玉壶春瓶 /166
釉里红夔凤纹双陆尊 /167
仿宣德款青花釉里红梅竹纹碗 /168

釉上彩
五彩铜雀台比武图大盘 /169
矾红彩缠枝莲纹七巧攒盘 /170
黄地绿彩暗刻龙凤纹碗 /171
珐琅彩百花纹五孔尊 /172
粉彩牡丹纹盘 /173
粉彩荷花秋操杯 /174

青花加釉上彩
仿成化款斗彩莲池鸳鸯纹盘 /175
"退思堂制"款青花五彩湖石花卉纹盘 /176
青花矾红彩云龙纹碗 /177

匠心器韵 —— 馆藏工艺珍品陈列

第一部分　琢玉成器

青玉"宜子孙"螭纹出廓璧 /180
青白玉荷鹭纹帽顶 /181
白玉龙首带钩 /182
青玉蝶形佩 /182
青玉持莲童子坠 /183
白玉"子冈"款人物诗文牌 /184
翠翎管 /185
青玉蟹形带扣 /185
青玉双耳莲瓣杯 /186
青玉灵芝形如意 /187

第二部分　镂竹剔角

竹雕夜游赤壁图笔筒 /188
吴之璠制佛手摆件 /189
黄杨木雕弥勒立像 /190
犀角雕螭纹荷叶杯 /191
象牙镂雕多层套球 /192

第三部分　髹漆嵌钿

黑漆嵌螺钿人物故事碗 /193
剔红琴高乘鲤图圆盒 /194
金漆灵芝纹如意 /195
黑漆描金"永春"仕女图提篮 /195

第四部分　铸铜炼彩

铜"张鸣岐制"款手炉 /196
铜"宣德年制"款冲耳乳足炉 /197
铜"永茂斋制"款手炉 /197
掐丝珐琅缠枝纹绳耳熏炉 /198
铜胎画珐琅人物图盘 /199

第五部分　抟土塑陶

坭兴陶寿桃壶 /200
坭兴陶山石折枝菊图葫芦瓶 /201
坭兴陶抚松图瓶 /202
坭兴陶竹林垂钓图葫芦瓶 /203

图会前贤——馆藏明清文人画家作品陈列

素居弄清影
《草书赤壁赋》卷（局部）/206
《仿范宽山水人物图》轴 /207
《荷花图》扇页 /208

雅集觅知己
《书画合璧》册（部分）/209
《江山卧游图》第 118 卷（局部）/211
《仿巨然山水图》轴 /212
《仿宋元十家山水图》册十开之一 /213
《南山积翠图》卷（局部）/214

闹市循孤音
《人物图》册六开之一 /215
《山水人物图》册六开之《竹林朝士图》/216
《五瑞图》轴 /217

山谷闻语响
《岩壑绘诗图》轴 /218
《山水图》扇页 /219
《卧游图》轴 /220
《山阁归舟图》扇页 /221

亦器亦趣——馆藏文房用具陈列

第一部分　结庐人境

书斋清韵
御制四库文阁诗墨 /225
仿"松雪斋"第七砚 /226
胡开文"御园图"散墨 /227

终身道友
"苍龙教子"纹牙雕镇纸 /228
青玉雕卧仙人笔山 /229
莲花蔓草纹铜圈带镇纸 /229
龙凤绿端砚 /230
"葆祥"制钟鼎文竹臂搁 /231
胡开文"金壶墨汁"墨 /232
木雕夔龙花卉纹墨床 /232
描银团龙纹蜡笺对联纸／描银花卉粉笺对联纸 /233
炉钧釉浮雕蝶采月季花纹笔筒 /234
斑竹柄屏笔 /235

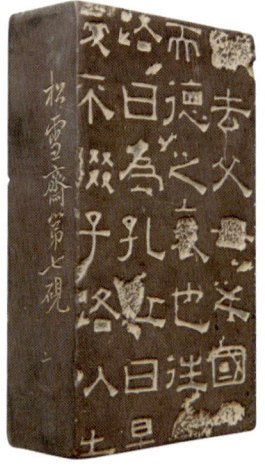

水利文思
藤县中和窑青白釉瓜形砚滴 /236
龙泉窑青釉菊瓣式洗 /237
郎窑红釉水盂 /238
炉钧釉蟠龙洗 /238

印以昭信
"龙水蒋氏家藏珍玩子子孙孙永宝"印 /239
"风月纵横玉笛中"印 /240
"滇南素筠女士"印 /241
粉彩丹凤纹印盒 /242

第二部分　古贤雅趣
君子明德
十六眼竹节形端砚 /244
炉钧釉浮雕折枝梅花纹文房用具 /244

好法自然
巧雕葫芦端砚 /246
碧玉雕佛手果式洗 /247

格古怀远
南朝齐永明三年砖制砚 /248
仿成化款哥釉铁锈如意云纹水盂 /249

以文会友
汪节庵款"御制咏三生石诗"山水纹墨 /250
红木杆大斗笔 /251

第三部分　物我自得
枕石漱流
苏文忠笠象端砚 /253
吴之璠款《王乔飞舄图》竹雕笔筒 /253
李鱓《道骨仙风洛水神图》竹臂搁 /254

丹心报国
"为人民长寿"印 /255
"识字邮农"印 /"郁达夫印" /255

仰俯天地
凌云纹端砚 /256
单眼端石平板砚 /257

万卷·书生——馆藏古籍陈列

第一部分　书海之源

书籍的起源和萌芽
《铁云藏龟》/261
秦石鼓文拓片 /261
"从器志"木牍 /262
错红铜龙虎纹漆鞘铜削 /262

书籍的发展和繁荣
[嘉庆]《广西通志》/263

第二部分　书装之美

古籍的生产
《永福唐氏族谱》/265
龙有森会殿试试卷雕版 /265
《御选唐宋文醇》/266
章实斋先生原定《湖北通志》/267
《武英殿聚珍版书》/267
《广西财政沿革利弊说明书》/268

古籍的插图
《泊如斋重修宣和博古图录》/269
《离骚图》/270
《钦定授时通考》/271

第三部分　书香桂影

风土民情
《桂海虞衡志》/273

风流人物
《河东全集录》/274
《李义山诗集》/274
《苏文忠公诗集》/275
《重刻蒋文定公湘皋集》/275

《霞客游记》/276
吕璜手札 /276
《芙蓉池馆诗草》/277
陈瀛藻《百景诗笺》雕版 /278
《愚一录》/279
《味梨集》/280

风云往昔
《请缨日记》/281

第四部分　书卷之传

古籍收藏

古籍传承

生字词注音释义 /284

广西壮族自治区博物馆
THE MUSEUM OF GUANGXI ZHUANG AUTONOMOUS REGION

了解广西壮族自治区博物馆

成立时间：1934年

地理位置：广西壮族自治区南宁市青秀区民族大道34号

建筑面积：约4.2万平方米

常设展览："广西古代文明陈列""合浦启航——广西汉代海上丝绸之路""釉彩斑斓——馆藏瓷器陈列""匠心器韵——馆藏工艺珍品陈列""亦器亦趣——馆藏文房用具陈列""鼓动八桂 声震九州——广西古代铜鼓文化数字化陈列"等

藏品数量：近10万件（套），其中一级文物148件（套）、二级文物1974件（套）、三级文物3865件（套）

藏品特点：数量众多，种类丰富，涵盖面广，历史跨度从旧石器时代直至近现代。众多藏品具有浓郁的地方民族特色和较高的历史、艺术、科学价值，见证了广西各个时期的历史发展和演变

广西壮族自治区博物馆导视图

1F

① 儿童考古探秘馆
② 青少年活动中心
③ 学术报告厅
④ 历史小剧场
⑤ 12号展厅：临时展览展厅
⑥ 博物馆文创商店

2F

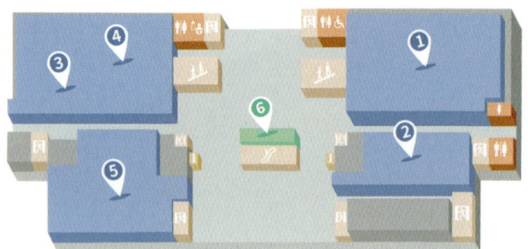

① 1号展厅：广西古代文明陈列
② 2号展厅：广西古代文明陈列
③ 3号展厅：釉彩斑斓——馆藏瓷器陈列
④ 4号展厅：匠心器韵——馆藏工艺珍品陈列
⑤ 5号展厅：临时展览展厅
⑥ 智能服务驿站

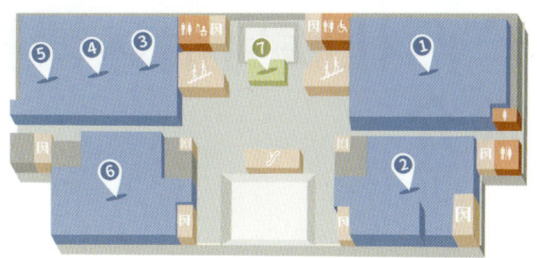

3F

① 6号展厅：烽火南疆——广西近现代革命史陈列
② 7号展厅：合浦启航——广西汉代海上丝绸之路
③ 8号展厅：图会前贤——馆藏明清文人画家作品陈列
④ 9号展厅：亦器亦趣——馆藏文房用具陈列
⑤ 10号展厅：万卷·书生——馆藏古籍陈列
⑥ 11号展厅：鼓动八桂 声震九州——广西古代铜鼓文化数字化陈列
⑦ 文创精品展售区

4F

① 多功能厅
② 瓯骆书房
③ 空中花园
④ 回眸·展望——广西博物馆馆史图片展

 卫生间　　 母婴室　　 医务室　　 自动扶梯　　 电梯

 观景步梯　 紧急通道　 信息服务　 非开放区域

广西壮族自治区博物馆简介

历史沿革

1934年，广西省立博物馆创立。

1950年，广西省人民政府接收原广西省立博物馆所收藏的文物，并成立省文物管理筹备处。

1956年，广西省博物馆正式成立。

1958年，广西壮族自治区成立，广西省博物馆改名广西壮族自治区博物馆。

1978年，广西壮族自治区博物馆陈列大楼竣工落成。

2019年，广西壮族自治区博物馆陈列大楼改扩建工程开工。

2022年，广西壮族自治区博物馆完成改扩建"升级"，正式向公众开馆。

概　况

广西壮族自治区博物馆成立于1934年,是省级历史、艺术类综合性博物馆,也是全国首批国家一级博物馆。现有藏品近10万件(套),其中一级文物148件(套)、二级文物1974件(套)、三级文物3865件(套)。馆藏文物不仅数量众多,种类丰富,涵盖面广,历史跨度从旧石器时代直到近现代,而且很多还具有浓郁的地方民族特色,见证了广西各个时期的历史发展和演变,具有很高的历史价值、艺术价值和科学价值。

广西博物馆于2019年1月开始进行改扩建,于2022年11月底建成开放,新馆舍建筑面积约4.2万平方米,展览面积约1万平方米,馆内有"广西古代文明陈列"等基本陈列,"合浦启航——广西汉代海上丝绸之路""釉彩斑斓——馆藏瓷器陈列"与"匠心器韵——馆藏工艺珍品陈列"等专题展览,从多个角度诠释广西在中华文明多元一体格局中的发展之道。

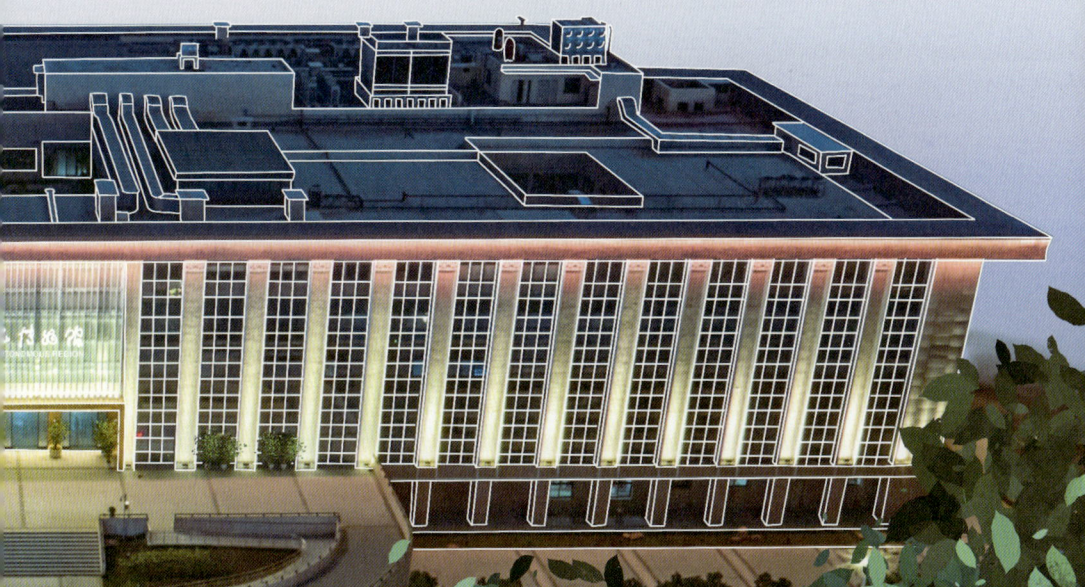

主要藏品及突出特点

广西博物馆的藏品种类丰富，地方民族特色鲜明。主要藏品有羽纹铜凤灯、翔鹭纹铜鼓、漆绘提梁铜筒、兽面纹提梁铜卣（yǒu）、大铜马、人面纹羊角钮铜钟、扶桑树形铜灯、楔（xiē）形双肩大石铲、淡青色弦纹玻璃杯等。

广西古代文明陈列

该展是广西博物馆建馆以来第一个全面展示广西古代文明演变进程的基本陈列。陈列充分吸收、运用中华文明探源工程的学术研究成果，紧扣"铸牢中华民族共同体意识"这一主线，以时间为经、文化为纬，通过"文明曙光""瓯风骆韵""多元一体""经略有方""边疆巩固"五个部分，集中呈现广西地域特色文化，生动阐释广西古代文明"悠久、多元、融合、开放、同心"的特点。

合浦启航——广西汉代海上丝绸之路

该展是国内首个以汉代海上丝绸之路为主题的固定陈列，展出文物以玻璃器皿及玻璃、水晶、玛瑙、绿松石、琥珀、绿柱石、黄金等材质的珠饰为主，部分展品为首次亮相。展览从物质贸易、友好交往、科技文化传播等角度复原汉代南海航路贸易的盛况，展现汉代海上丝绸之路的多层次交流以及引发的经济发展与社会变迁。

釉彩斑斓——馆藏瓷器陈列

广西博物馆馆藏瓷器颇为丰富，这得益于建馆以来历代博物馆人的精心收藏与社会各界的慷慨捐赠。展览遴选众多精品，以釉彩作引，以时代为序，雅俗同珍，以飨（xiǎng）观众。

匠心器韵——馆藏工艺珍品陈列

展览遴选众多馆藏历代工艺美术文物珍品，旨在展现中国古代工艺美术悠久的历史、别具一格的风范、高超精湛的技艺和丰富多样的形态，营造传承、弘扬中华优秀传统文化的良好氛围，承前启后，赓续文化根脉。

图会前贤／亦器亦趣／万卷·书生

图会前贤——馆藏明清文人画家作品陈列、亦器亦趣——馆藏文房用具陈列、万卷·书生——馆藏古籍陈列，这三个展厅既各自成篇，又融为一体。

图会前贤，展览分为"素居弄清影""雅集觅知己""闹市循孤音""山谷闻语响"四个部分，从书斋、雅集、画市、山林等不同的主题进入书画家的世界，联系书画家的经历、爱好、所处历史背景等欣赏画面的细节，阐释和赏析文人画的诗、书、画、印四大要素，从而一窥中华优秀传统文化的灿烂与辉煌。

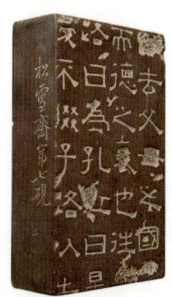

亦器亦趣，构建古代文人的文房场景空间，突出体现文房用具的历史价值、美学价值，帮助世人从各种不同的角度感受、体验、了解古代文人的文化生活和精神境界。

万卷·书生，展示古籍尤其是广西古籍的历史源流、生产装帧、思想内容、相关人物和事件，以及古籍的传承等，呈现作为中华文化重要载体之一的古籍的丰富多彩及博大精深。

广西古代文明陈列

广西背靠内陆、面向海洋，自古以来，富有开拓精神的各民族先祖在这片神奇的土地上繁衍生息，创造了光辉灿烂、别具特色的广西古代文明。

大约80万年前，广西就有人类活动足迹。史前先民开创的手斧文化、贝丘文化、大石铲文化等犹如一颗颗耀眼的明珠，在广西历史发轫的人文坐标上熠熠生辉。春秋战国时期，广西为百越之地，西瓯、骆越等族群在此劳作，他们以和而不同、包容开放的姿态，开启了与周边和中原地区的族群交往、交流、交融的历史。秦汉时期，灵渠连通南北，合浦港扬起海上丝绸之路风帆，多元文化在此交相辉映、共放光彩。隋唐两宋时期，"广西"之名确立，在中华民族大家庭中，其海陆交通区位优势显现，经济社会加速发展。元明清时期，广西在维护边疆稳定和国家统一中发挥积极作用，留下了丰富的文化遗产和珍贵的人文精神财富。

　　广西古代文明是源远流长的中华文明的有机组成部分，让我们在历史的隧道中游览，发现广西文化之魅力，领略广西文化之精髓，体悟中华文明的博大精深。

第一部分
文明曙光（史前时期）

广西地处热带、亚热带季风气候区，气候温暖，雨量充沛，自然环境得天独厚，是古人类活动较早的地区之一。大约80万年前，百色盆地的广西先民就已学会打制石器；距今1万年左右，磨制石器、原始农业、畜牧业和制陶业开始出现。在极其漫长艰辛的岁月里，先民们用勤劳、智慧和汗水，在这片神奇的土地上创造了灿烂的史前文化，迎来了文明的曙光。

人类远祖

广西境内发育良好的岩溶洞穴为古人类栖居提供了天然优良场所。约80万年前，右江河谷出现人类踪迹。约11万年前，"木榄山智人"在左江流域活跃。约5万至2万年前，柳江流域先后出现"柳江人""麒麟山人"。1万多年前，古人类的踪迹已遍及广西大部分地区。广西是我国古人类化石分布最多、材料最为丰富的地区之一，目前各地发现的古人类化石地点达20余处。

木榄山智人化石

距今约11万年
广西崇左江州区罗白乡木榄山出土

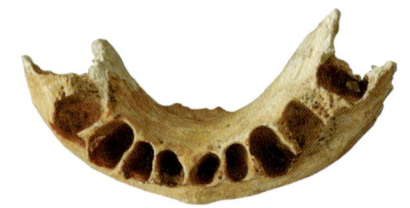

木榄山智人是目前东亚地区出现最早的早期现代人，其相关研究成果被评为"2010年度中国科学十大进展"之一。

木榄山智人下颌（hé）骨联合部出现了微弱隆起的颏（kē）部（即俗称的"下巴颏"），这是现代人最为重要的体质特征之一。但其下颌颏部隆起程度介于直立人和智人（现代人）之间，呈现出镶嵌的体质特征，说明木榄山智人处于直立人和现代人的过渡阶段，也表明直立人向现代智人的进化不仅仅出现在非洲，也同样发生在东亚地区。

"直立"过渡在东亚

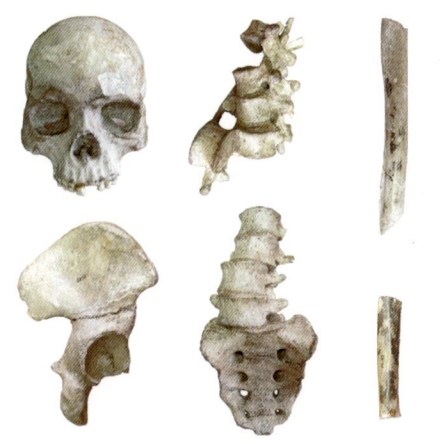

万年智慧柳江人

柳江人化石

距今约3万年

广西柳州新兴农场通天岩洞出土

　　柳江人化石是中国迄今发现的最为完整的晚期智人化石。化石包括人类颅骨一具，脊椎骨、肋骨、骨盆和大腿骨化石多块。它的发现为研究中国晚期智人的体质特征、体质变化及人类的迁徙、扩散提供了极为珍贵的实物资料。

　　柳江人面部和鼻部短而宽，眶部低宽，门齿舌面呈铲形，但其眉嵴（jí）很显著，额骨和顶骨较现代人扁平，在人种分化中属较原始的蒙古人种。蒙古人种有南、北两种类型，北方类型以北京周口店的山顶洞人为代表，南方类型以柳江人为代表。柳江人是正在形成中的蒙古人种的早期类型，是南方蒙古人种的最早祖先。

广西古代文明陈列　011

万年头骨齿未枯

娅（yà）怀洞人化石

距今约1.6万年
广西南宁隆安娅怀洞遗址出土

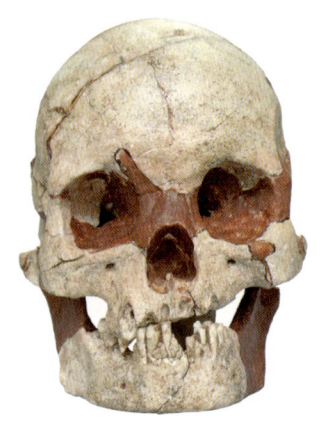

该化石是一具完整的老年人头骨，连牙齿都保留完好。广西地处亚热带南部，气候湿热，土壤以酸性为主，动植物有机质极难保存。娅怀洞穴冬暖夏凉，且因石灰岩山体，洞穴内的堆积物带有碱性，这具1.6万年前的古人类化石才得以完整地保存至今。这也是岭南地区迄今为止发现的唯一一具有确切地层层位和可靠测年的完整的晚期智人头骨化石，对研究该地区史前人类的体质特征、人群迁徙与交流及本土民族（壮族）的起源具有非常重要的学术意义。

破石谋生

石器是古人类最早利用、保存年代最为久远的工具之一。石器工具的产生，意味着人类历史的发端。约80万年前，广西先民就已学会拣选石块，打制出敲、砸、刮、割等各种用途的工具并用于生产劳动。

小知识：旧石器时代

旧石器时代是考古学家提出来的时间区段概念，大约在距今300万年至1万年。那时人类的生产活动受到自然条件的极大限制，主要是以打制石器为生产工具。人类的生活来源以捕鱼、狩猎和采集果实为主，农业和畜牧业还没有产生。

旧石器时代，人们制作石器工具的主要方法是打制，即用一块石头做石锤打击石料，将石料加工成石器。使用打制石器反映了史前先民对天然石块的初级改造与利用，体现了主体的创造意识，标志着人类真正走上历史舞台。

"东亚之最" 百色斧

手斧

旧石器时代
长22.3cm　最宽处12cm　最厚处6cm
广西百色百谷遗址出土

　　手斧，主要用于屠宰大型动物、挖掘植物根茎等，是旧石器时代第一种经两面打制加工的标准化重型工具，其造型对称，代表直立人阶段石器制作的最高水平。

　　百色手斧出土于百色盆地。百色盆地西起今右江区东笋村，东到田东县思林镇，呈北西—南东走向，面积约800平方千米，是目前中国境内出土手斧最多的地区之一，被誉为"考古富矿"。

　　百色手斧的发现具有特别重要的意义，它是东亚地区发现年代最早的手斧，证实广西早期人类在80万年前就拥有先进的手斧制造技术。

小知识：莫氏线

　　莫氏线又叫莫维士线，由美国哈佛大学人类学家莫维士提出。20世纪三四十年代，莫维士在欧亚大陆中部划了一条石器技术分界线（莫氏线），认为分界线以西的欧洲、非洲、西亚和南亚地区掌握进步技术，能打制工艺复杂的手斧；而分界线以东的东亚和东南亚地区则只会打制粗陋的砍砸器和使用未经加工的石片，没有手斧，是"文化滞后的边缘地区"。

　　2000年，百色手斧的发现和研究成果发表在《科学》杂志上，从根本上动摇了莫维士理论在国际学术界的统治地位。

砍砸器

旧石器时代
长12.5cm 宽11cm 高6.3cm
广西百色杨屋遗址出土

　　砍砸器是旧石器时代的大型生产工具，用砾石直接打制而成，器身厚重，绝大多数为单面加工，两面加工者很少，一般用来砍伐树木和加工制造竹木器。

劈山伐木启文明

手镐（gǎo）

旧石器时代
高14cm 宽10.5cm
广西百色东增遗址出土

　　手镐也叫尖状器，是一种单面或两面打制的大型生产工具，其形状、功能和用途与手斧相类似，主要用于挖掘植物根茎、屠宰动物等。

挖掘凿砍似手斧

小知识：新石器时代

　　新石器时代是考古学中石器时代的最后一个阶段，以人类使用磨制石器为标志，大约从距今1万多年前开始，距今5000多年至4000多年结束。

　　随着经验积累和认识加深，史前先民的创造性思维愈发活跃。在打制技术的基础上，他们花更多的时间和精力对石器进行精敲细磨，创造出更为精细、锋利和多样化的磨制石器，采掘、处理食物的效率极大提高。此时人们已发明农业和畜牧业，开始定居生活，广泛使用磨制石器，能制陶和纺织。

磨制石斧柄上装

石斧

新石器时代

广西桂林全州显子塘遗址出土

　　石斧是新石器时代一种比较常见的工具，一般呈梯形或近似长方形，两面刃，有的斧体上部制成凹腰形、双肩形或穿孔，以安装木柄后使用，主要用于采伐林木、垦辟耕地等。

"有肩"溯源桂地生

有肩石斧

新石器时代

刀宽10.7cm 高6.7cm

广西贺州钟山出土

  有肩石斧主要用于采伐林木和垦辟耕地等。和无肩石斧相比，有肩石斧增加肩部后，可捆绑、安装木柄，使用起来更为便捷、省力，这是人类生产工具上的一大进步。

  有肩石器普遍分布于岭南越族先民活跃的地区，是远古越文化的标志性器物。广西南宁等地的贝丘遗址和柳州等地的山坡遗址中，都发现了有肩石器。其中豹子头遗址等地发现的有肩石器，经碳-14测定，年代在距今7000年以上，说明广西的有肩石器有自己独立的起源。当然，其在发展过程中也受到周围其他地区原始文化的影响。

岩洞栖息

新石器时代早期，古人类继承了旧石器时代居住洞穴的传统。这一时期，广西代表性洞穴文化遗址群主要分布于桂东北和桂中地区，包括甑（zèng）皮岩遗址、鲤鱼嘴遗址等。这些洞穴遗址常见大量螺蚌介壳堆积，出土遗物以打制石器为主，有磨制石器和夹砂粗陶片出现，集中反映了新石器时代早期史前先民的生产生活方式、原始信仰等。

素面夹砂陶釜（fǔ）残片（陶雏器）

距今1.1万年以上
广西桂林甑皮岩遗址出土

烹螺煮虾充饥肠

这件素面夹砂陶釜残片烧造温度不超过250℃，尚未完全陶化，被称为"陶雏器"，是目前珠江流域中上游地区乃至中国发现的年代最早的陶器之一。

这件陶器经双料混炼而成，即将一种自然泥土与另一种材料（土壤、石料、贝壳或其他材料）按照一定比例混合，加水调适成坯料，再进一步捏制、烧制成陶器。这为陶器的真正形成奠定了基础。

一般认为，陶器的产生多与农业有关，用于烹煮谷物，但广西陶器产生的原因，有其特殊性，应与烹煮螺蛳、螃蟹、鱼虾等水生动物有密切的联系。

小知识：甑皮岩遗址

甑皮岩遗址位于桂林市象山区甑皮岩洞穴内，是广西具有突出代表性的史前洞穴文化遗址。甑皮岩遗址出土了大量地层明确的自然和文化遗物，为桂北史前文化建立了距今12000—7000年的发展演化序列，是华南乃至东南亚地区史前考古最重要的标尺和资料库之一，是中国"百年百大考古发现"之一。

采贝捞螺

新石器时代，广西亚热带季风气候显著，水生动物大量繁殖。人们对螺、贝、鱼类的采集食用明显增多。食用后所丢弃的螺壳、贝壳等日积月累堆积成山，形成了今天我们所看到的贝丘遗址。贝丘遗址在广西境内分布广泛，从岩溶洞穴，到河旁台地，乃至沿海地带都有发现，集中反映了新石器时代广西先民独特的饮食习惯和生活方式，是富有地域特色的文化类型之一。

蚝蛎（háo lì）啄

新石器时代
长14cm　宽6.5cm
广西防城港东兴亚菩山遗址出土

蚝蛎啄是一种尖状石质工具，主要发现于桂南沿海一带，是海滨先民为去除牡蛎（蚝蛎）、蛤蜊、螺、贝等软体动物外壳而创造的一种独特的加工工具，具有鲜明的区域特色。

蚝蛎啄的大量出现，说明采集海洋贝类已经是新石器时代北部湾人的主要生产活动之一。先人的智慧，在小小的器具上展现得淋漓尽致。

此外，亚菩山遗址、马兰嘴遗址和杯较山遗址等出土了不少大型石网坠和大鱼的脊椎骨，表明当时的人们已经懂得利用海洋自然条件来丰富生活，捕捞技术达到了较高水平。

向海而生出巧匠

蚌壳磨洗古刀生

穿孔蚌刀

新石器时代

长12.2cm　最宽处7.7cm

广西南宁豹子头遗址出土

穿孔蚌刀用蚌壳磨制而成，三角状，圆弧单面刃，握手处对穿一孔，可用于刮削、切割植物茎叶，处理兽皮，剥除鱼鳞等。

磨石种稻

广西先民食稻历史悠久。娅（yà）怀洞遗址出土的稻属植硅体距今1.6万年，说明人们很早就开始利用野生稻资源。资源晓锦遗址、那坡感驮岩遗址炭化稻谷及相应生产生活工具的发现，直接印证了5000—4000年前广西稻作文明的产生与发展。和稻作农业紧密相关的大石铲文化，成为新石器时代晚期广西地区最具代表性的文化类型。

野生驯化稻为粮

炭化稻

新石器时代
广西桂林资源晓锦遗址出土

广西地处低纬度地区，土地肥沃，水网密布，雨热同期，野生稻分布广泛。史前先民在长期采集野生稻谷的过程中，逐渐掌握其生长规律，从而将野生稻驯化为栽培稻，开启了世世代代以稻为食的生活。

资源晓锦遗址出土成套石制工具、多处完整的圆形居住遗迹、陶窑及3万多粒炭化稻谷。其中，炭化稻谷的发现，在广西新石器时代考古中尚属首次，这也是目前广西发现的最早的一批史前稻作标本，经鉴定，是较原始的栽培稻，充分证明广西是稻作农业的起源地之一。

石磨盘／石磨棒

新石器时代
磨盘径27～29cm／磨棒长19cm
广西钦州独料遗址出土

　　磨盘、磨棒皆为粮食加工工具，用砂岩制作而成。磨盘正反两面中央下凹，磨棒因横向使用，磨面平坦，边棱明显。

　　钦州独料遗址年代距今约5000—4000年，出土大量磨制石器，多为农业生产工具和粮食加工工具，是广西首次发现的一处典型的以农业为主要生计方式的新石器时代遗址。

稻米如珠石上磨

小知识：大石铲

　　大石铲是广西新石器时代晚期极具地方特色的文化遗产。自20世纪50年代起，考古学家先后在广西多地发现大量大石铲遗存，遗址数量多达100余处，因集中分布于广西南部地区，故学界又称之为"桂南大石铲"。大石铲文化遗址以隆安大龙潭遗址为代表，经多次发掘，出土完整大石铲200多件。

　　大石铲是铲状的石器，硕大扁薄，对称规整，通体磨光，制作精致。其出土时大多刃部朝天、直立或斜立，呈圆形或一字形、凹字形排列，大部分没有使用过的痕迹。大石铲年代距今约4500年，当时广西已经出现原始农业，因此，有专家认为大石铲是从双肩石斧演变而来，早期也是一种生产工具，后逐渐演变为与原始农业生产有关的祭祀活动的器具。

　　大石铲文化作为广西最具地域特色的一种原始文化，揭示了四五千年前先民从蒙昧走向文明的历史进程，是广西古文明探源的重要组成部分。

大铲祭祀祈丰年

楔（xiē）形双肩大石铲

新石器时代

长66.7cm　宽27.2cm　厚1.9cm

广西南宁隆安大龙潭遗址出土

双肩大石铲形如铲状，硕大扁薄，弧刃，直腰，双重肩，上端有短把，对称规整，通体磨光，制作精致。此大石铲没有使用过的痕迹，应是祭祀礼器，主要用于祈求增产丰收。

绳纹圜(huán)底陶釜(fǔ)

新石器时代
高10cm 口径17.5cm
广西百色那坡感驮岩遗址出土

采得野食陶釜煮

  釜是炊煮器，类似现在的大锅。该釜为陶制，敞口、浅腹，圜底，通体饰绳纹，口沿四耳残缺，釜内有火烧痕迹，釜身为半球状，是国内新石器时代陶器中少有的器型，这也是广西出土的新石器时代陶器中较为完整和典型的一件。

  此釜圜底，即陶器底部为圆形并向外凸出，可加大受火面积。陶质为夹砂粗陶，可防止陶釜在火的烧灼下爆裂。器表装饰绳纹，为拍印或压印而成，可增加陶坯的密实度、摩擦力和耐热性。同时，绳纹装饰反映了陶器制作与编织文化的密切关系，也体现了史前先民自然朴拙的审美风格。

多元一体牙璋显

骨牙璋（zhāng）

新石器时代晚期至青铜时代早期

通高5.8cm　刃端宽1.4cm　柄宽0.7cm　厚0.2cm

广西百色那坡感驮岩遗址出土

　　牙璋是一种端部有刃，下部有柄，柄侧有牙的立刀形器物，多为玉石质，也有青铜质、骨质。牙璋之名最早见于《周礼》，是用于祭祀、聘礼和盟誓活动的礼器，是王权的象征。

　　牙璋在北方地区较为常见，在南方两广、四川及越南北部也有发现。这件骨牙璋是用动物骨头制作而成的，器型较小，相当于成人食指大小。其形制和其他地区的牙璋基本相同，说明大约在新石器时代晚期至青铜时代早期，广西南部就与中原地区有比较密切的联系，证实了中华民族自古就是多元、有机的整体，也为越南北部冯原文化牙璋的来源提供了很重要的线索。

第二部分
瓯风骆韵（先秦时期）

先秦时期，居住在今广西境内的主要是西瓯人和骆越人，西瓯人主要分布在今桂江流域和西江中游一带，骆越人最主要的活动区域在左江、右江、邕（yōng）江等流域。他们为我们留下了大量的文化遗存。这些文化遗存显示，西瓯、骆越人筚路蓝缕，博采众长，勇于创新，在继承前期文化传统的基础上，积极与周边地区交流互动，创造出了既独具地方特色又体现多元包容特点的地域文化。

兼容并蓄

先秦时期，随着中原及周边地区文明进程的不断加速，广西本地文化受到中原、楚、滇等地文化的影响，出现了具有不同地方文化因素的精美器物，共同绘制出多种文化在广西交融的画卷。

兽面纹提梁铜卣（yǒu）

商代
高40cm　口径12.8～17cm
底径15.5～19cm
广西南宁武鸣区勉岭屯出土

卣是古代重要且特殊的盛酒器，主要流行于商周时期，常用来

香酒降神赐诸侯

盛放一种名为"秬鬯（jù chàng）"的香酒。秬鬯是古代以黑黍（shǔ，黑米）和郁金香草酿造的酒，用于祭祀降神及赏赐有功的诸侯。

该卣卣身及盖四面有棱脊，提梁置于正背面脊上。盖面、腹部饰浮雕式的饕餮（tāo tiè）纹，眉、目凸起。盖缘、颈、圈足均饰夔（kuí）纹，盖钮饰六只蝉纹。提梁饰夔纹和蝉纹，两端作牛头形。盖内有阴刻人形的"天"（也有说为"子"）字标志。

此卣为典型的中原器物，表明中原文化在商代晚期已影响到广西腹地。

兽耳变形蝉纹铜罍（léi）

西周
高47.2cm　口径22.8cm　底径25cm
广西玉林陆川乌石塘域村出土

　　此罍为盛酒器，肩部焊接一对相背向的兽耳，兽耳饰云雷纹；颈下部饰圈点纹和弦纹；肩部以耳分界，每边饰两组对称的饕餮纹，过耳处有一周重环纹，重环纹上下各一道凸起的绳纹；腹部饰三角形变形蝉纹；圈足上部饰环带纹，下部饰云雷纹。器型呈亚字形，体现出商周时期同类器物的风格，立体兽耳装饰及其高圈足的做法，与湖南湘阴出土的西周罍近似。

兽耳翘首迎宾客

岭南重器带楚风

蟠虺（pán huǐ）纹铜鼎

春秋
高55.5cm　口径58cm　足高20cm
广西桂林恭城金堆桥春秋墓出土

  广西地处五岭之南，同楚邻近，交往密切，其北部一些地区在东周时期归楚管辖，使得很多本土器物带上楚风。

  此鼎为圆口，附耳，深腹，圜（huán）底，马蹄形足。耳内外、口下及腹部各饰一周蟠虺纹，腹部间以二周绳索纹，腹下部饰一周三角纹，膝饰饕餮（tāo tiè）纹。整器浑厚凝重，纹饰纤细，是典型的楚式器。

  鼎是我国古代的一种炊具，有三足的圆鼎和四足的方鼎两类，又可分有盖的和无盖的两种。鼎也是商周时代重要的礼器之一，是所有青铜器中最能代表至高无上权力的器物。

双虎耳蟠螭（pán chī）纹铜罍（léi）

春秋
高39cm　口径20cm　底径25cm
广西桂林恭城金堆桥春秋墓出土

　　此罍为盛酒器，体圆，鼓腹，圈足，盖上有圆形捉手及四环耳，肩饰一对虎形耳。盖上饰蟠虺纹，肩部有凸带纹一周，带上缀圆涡纹，腹饰蟠螭纹、蟠虺纹各一周，间以凸带纹、凹带纹、绳纹一周，纹饰浅细。此器具有楚式特征。

楚式龙虎醉他乡

饕餮（tāo tiè）纹铜尊

春秋
高19cm　口径18cm
广西桂林恭城金堆桥春秋墓出土

　　尊是盛行于商代至西周时期的一种大中型盛酒器，春秋后期已经少见。青铜尊一般为圈足，圆腹或方腹，长颈，敞口，口径较大。这件尊体圆，口呈喇叭形，腹部突出，矮圈足，口上、口下、腹下各饰一道云纹，腹部饰饕餮纹，纹饰粗细相间，布局对称，具有楚地风格。

　　饕餮纹的特点是以鼻梁为中线，两侧对称排列，从上到下可辨角、耳、目、鼻、口等。将饕餮纹铸造于象征权力、地位的青铜器上，用以增加器物的威严和神秘色彩，反映了先秦时期人们对自然的崇拜和敬畏，也是统治者权威在器物装饰上的一种表现。

大口大腹示权威

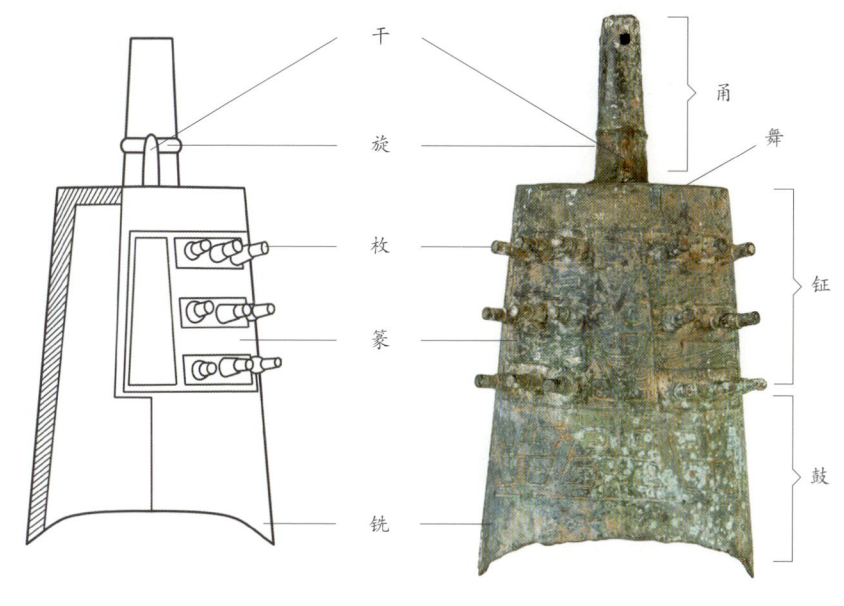

铜甬钟各部位名称示意图

兽面纹铜甬钟

春秋
高45cm 甬长13cm 铣间22.5cm 舞14.5～17.5cm
广西桂林恭城金堆桥春秋墓出土

  铜钟为打击乐器，始于西周，有由铙（náo）演化而来之说。单件使用的为特钟，按大小、音阶成组使用的为编钟。
  铜钟分为甬钟和钮钟两种，甬钟和钮钟下口均是弯的，但甬钟上端有一根细长的柱子，称之为"甬"。甬上凸出的部分称为"旋"，旋上用以悬挂钟钩的孔称为"干"。旋和干都是甬钟独有的部位，决定了甬钟为斜挂。而钮钟的顶部有环状或对称的动物形钮，便于在钟梁上垂直悬挂。
  此钟为直圆甬式，甬上有旋，钲（zhēng）侧有凸枚六组，每组各三枚，枚长有景。篆饰斜角云纹，钲饰三角纹，鼓饰窃曲纹。背面亦有凸枚共18枚，但无纹饰。

礼乐处处金钟响

"江""鱼"本是楚国地

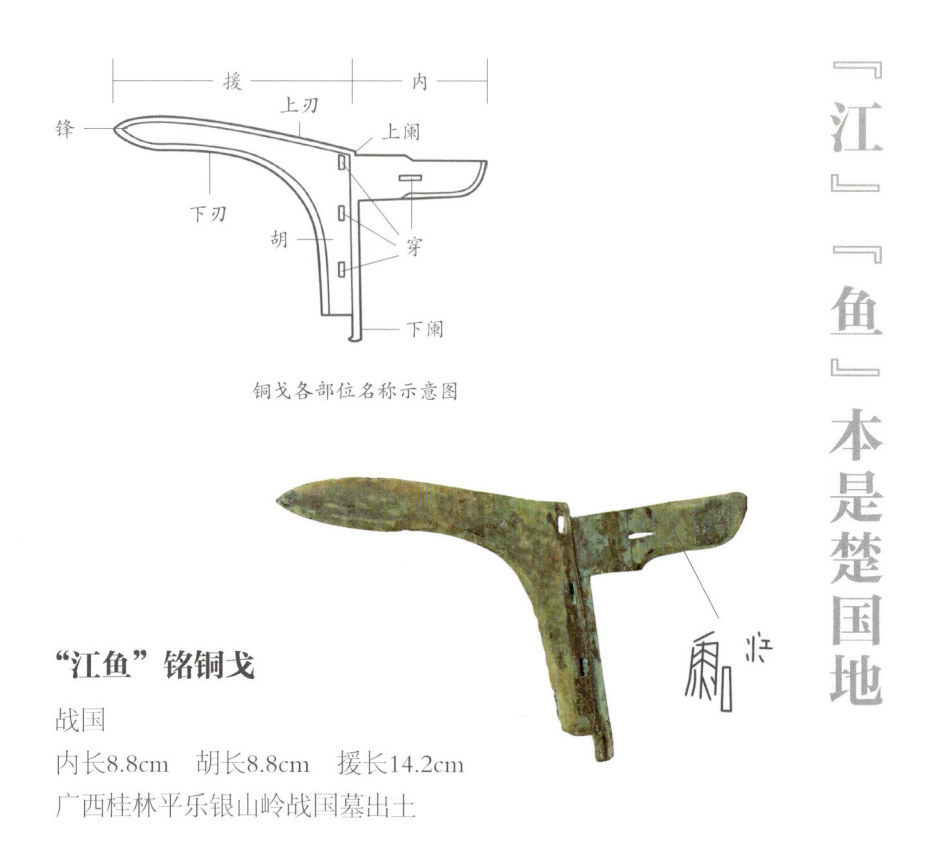

铜戈各部位名称示意图

"江鱼"铭铜戈

战国
内长8.8cm 胡长8.8cm 援长14.2cm
广西桂林平乐银山岭战国墓出土

戈是商周时期常见的一种兵器，用以钩杀，多用于车战。

此戈器身光亮，援瘦长，中脊不显，内平直，有三面刃，中间有一穿，阑侧三穿，内上有铭文"江鱼"二字。"江"在今河南东南部，"鱼"在今重庆奉节县白帝城，两地在战国时期都归属楚国。铜戈另一面也细刻文字，但大部分已腐蚀，难以辨识。

小知识：平乐银山岭战国墓

银山岭墓群位于广西平乐县张家乡燕水村银山岭，1974年开始发掘，共清理墓葬165座，其中战国墓110座。出土铜扁茎短剑、靴形钺（yuè）、竹叶形刮刀、变形王字纹矛、兽首柱形器、方耳盘口鼎、陶罐形鼎、米字纹瓮等具有南方特点的器物。

带长剑兮挟秦弓

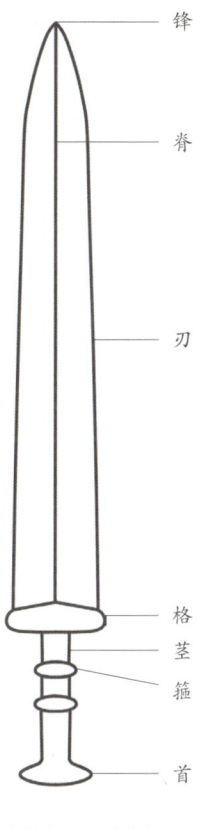

铜剑各部位名称示意图

圆首双箍铜剑

战国

长44cm　刃宽4.1cm

广西桂林平乐银山岭战国墓出土

　　剑是古代贵族和战士随身佩带用以自卫防身的兵器，可斩可刺。一般由剑身和剑茎两部分构成，每个部位各有其专名。

　　此剑圆首，茎为圆柱状，上有两周凸箍，宽格，剑身宽扁，中起棱。此剑是春秋晚期至战国时期楚地的流行剑式。

瓯骆齐辉

一般认为，先秦时期生活在广西境内的西瓯人和骆越人是越人的两个不同支系，西瓯人主要分布在今桂江流域和西江中游一带，骆越人最主要的活动区域在左江、右江、邕（yōng）江流域一带。随着周边地区文化的影响，西瓯人与骆越人逐渐发展起自己独具特色的文化。

云纹伞状形铜器与石范

西周
长9.5cm 宽8～9.4cm
广西南宁武鸣区元龙坡西周春秋墓群出土

石范，采用石料制作的模具。铸造时，将铜液注入模型中，待其冷却或凝固，就可以得到模具形体的物件。

元龙坡墓葬群中部分铜钺（yuè）、镞（zú）、刀、斧等可以放入相应的石范内，说明这些器物是利用这些石范浇铸而成的，证明当时骆越社会已有一定规模的青铜冶铸业。

这套石范和铸器，别具特色。石范用红砂岩石块制成，呈长方椭圆形，其中一面刻凿成伞状形器模型，中心凸起一个尖圆钮，钮周由弦纹、云雷纹等组成晕圈，另一面中部刻凿长鹰嘴器钩状模型。两范相合竖立，上小下大，上端浇注口呈椭圆状。石范与器物相合，应为一套。

骆越铜浆浇石范

百越中原饰交融

夔（kuí）纹方格纹四系陶罐／雷纹方格纹陶釜（fǔ）

春秋

上，高24.9cm　口径19cm　腹径28cm

下，高29.5cm　口径19.2cm　腹径28cm

广西贺州桂岭出土

  此陶罐为盛器，直口，短颈，鼓腹，圜（huán）底，肩部置四横耳，故称四系陶罐。肩至腹中部满饰夔纹，腹中下部饰方格纹。夔纹常作为中原地区青铜器的装饰，而方格纹则多见于广西地区出土的陶器，此罐纹饰集夔纹、方格纹于一身，反映了广西与中原地区文化的交流与融合。

  此陶釜为盛器。肩部、腹部饰雷纹，近底部饰方格纹。这是一种印纹硬陶器，颇具地方特色。一般认为，几何印纹硬陶器是百越文化中最富有特征和代表性的器物，它的产生、发展和消失几乎与百越文化的产生、发展和消失相伴始终。

靴形铜钺（yuè）

春秋
高8.8cm 刃宽9.5cm
广西桂林恭城金堆桥春秋墓出土

　　钺为兵器。此钺呈短靴形，刃呈弧形，左右两侧不对称，长方形銎（qióng）——斧子上安柄的孔，銎部饰雷纹。

　　靴形钺，又被称为不对称钺，常见于西南地区，具有明显的地方特色。

瓯骆铜钺不对称

兽钮铜柱形器

春秋
长33.5cm 宽7cm
广西桂林恭城金堆桥春秋墓出土

　　广西气候湿热、多雨，棺木直接接触地面容易受潮，因此人们用柱形器将棺木架起来以防潮。此为广西先秦墓葬所见的柱形器，器身是长柱形，上大下小，下端侧面或正面有方形穿孔，用来插条形楔（xiē）。柱身上部饰以人首、兽首或禽首，形制特殊，为其他地区所未见，应为古代放置棺材的棺架上的一种装饰。

奇形兽首立长柱

"告"铭提梁铜鼎

春秋
高14.5cm　口径17.2cm　足高7.5cm
广西桂林恭城金堆桥春秋墓出土

　　这是一件典型的越式鼎,圆口,半环耳,有提梁,浅腹,圜(huán)底,线条比较随意,三条细长的鼎足明显外撇。鼎内底部铸有一个"告"字。此鼎器型具有明显的地方特色,而器身却铸有汉字铭文,由此可知,先秦时期汉字已传入岭南。

先秦汉字入岭南

铁足铜鼎

战国
高13cm　口径14.4cm
广西桂林平乐银山岭战国墓出土

　　此鼎为炊器，方形附耳，三角形耳孔，扁圆腹，圜（huán）底，短柱状足。鼎身铜铸，足心为铜质，外包铁皮，系浇铸而成，显示了战国时广西工匠的高超技艺。

　　平乐银山岭战国墓葬中出土了相当数量的铁器，反映出中原先进生产技术首先通过湘桂走廊在西瓯地区推广。西瓯聚居地由此成为广西历史上开发较早及较早与中原文化融合的地区。

湘桂走廊铁艺传

劈麻刮竹越人衣

竹叶形铜刮刀

战国

长7.3cm　刃宽3.2cm

广西桂林平乐银山岭战国墓出土

　　铜刮刀形如竹叶，前端尖翘，后端齐平，两侧带刃；绝大部分横断面呈人字形，背面隆起，有纵脊，小部分横断面呈弧形，背面圆滑，无脊。

　　银山岭战国墓群出土刮刀73件，其中铜刮刀13件、铁刮刀60件。刮刀一般放置在死者腰至脚部之间，常与铁锄、陶纺轮、砺石放在一起。这种刮刀的分布地区包括两广、两湖，但岭南最多，应是岭南越人文化具有代表性的一种生产工具，用于劈麻、刮麻、剖竹、刮篾（miè）等。出土的刮刀中，还出现苎（zhù）麻绳痕迹，表明当时人们已知道种麻，把麻加工成织布的原料。

方格纹陶瓮

战国

高43.5cm　口径27.8cm

广西桂林平乐银山岭战国墓出土

  陶瓮是中国古代陶制储藏器或水器，原始社会时也有用作葬具的，其器型较高大，口和底较小。

  此陶瓮为盛器。泥质灰陶，火候较高，胎质坚硬，通体饰方格纹。战国时期，瓯骆地区出现以米字纹、弦纹、水波纹、锥刺纹和刻划符号等纹饰为特征的瓮、罐、钵（bō）、杯等硬质陶器，并出现了白陶、釉陶和原始青瓷，夹砂陶仍较为常见。

饰纹大瓮谁人去

铜剑有灵生人面

人面弓形格云雷纹铜短剑

战国

长23.6cm　刃宽4.2cm

广西南宁邕（yōng）江水下捞出

  此剑无剑首，茎呈扁状，中部收束，近格处加宽。剑格两端微上翘。剑身起脊，最宽处在中部，平缓向前收束，前端骤收成锋。近格处饰人面纹。

  这类短剑形制独特，地域性强，仅流行于战国时期岭南地区和越南北部，构成一个人面弓形格剑文化圈。

  战国时期，生活在岭南地区的骆越人已有发达的青铜铸造业。铸造人面弓形格短剑或有严格的共同准则。人面的面形、眼、眉、口及鼻的施纹相同，人面周围以阳线框成倒三角形，其他附属纹饰都有羽枝纹带，剑茎纹饰以阴纹为主，剑身纹饰以平凸线阳纹为主，二者阴阳对照。人面纹的正反两面略有差异，或代表男女性别的不同，蕴藏极深的寓意。

壮美岩画

左江花山岩画,是约公元前五世纪至公元二世纪壮族先民骆越人在左江及其支流两岸的陡峭崖壁上绘制的艺术作品,是中国南方乃至亚洲东南部区域内规模最大、图像数量最多、分布最密集的反映祭祀生活的赭(zhě)红色岩画群,被誉为"世界岩画瑰宝"。

2016年7月15日,广西左江花山岩画文化景观成功入选《世界遗产名录》。这是广西第一项世界文化遗产,也是中国第一处岩画类世界文化遗产。

小知识:左江花山岩画内容

左江花山岩画大致有人物、器物、动物三大类图像。

人物图像是左江花山岩画中数量最多的一类图像,形态分正身和侧身两种。在38个岩画遗产点中,人物图像共计3315个,占全部图像的82%,其中正身图像1152个,侧身图像2163个。正身人像双手曲肘上举,双脚平蹲,屈膝向下,大部分身高在1~1.8米,其中最高的达3.58米。侧身人像的基本形态是面向左或者右,手脚同向一侧伸出,多数为双手曲肘上举,头、颈、身连成直线,身高在0.3~1.9米,大部分为0.5~0.8米。

器物图像主要有铜鼓、羊角钮钟、剑、环首刀、船等。

动物图像有犬类和飞禽类,犬类图像数量较多。

岩画典型的组合方式是以一个高大的正身人像为中心,其脚下为动物形象,旁边有铜鼓图像,在正身人像的下方或两侧,为众多或几个细小的侧身人像。

祭祀是左江花山岩画的主题。骆越人的舞蹈祭祀、绘画祭祀彼此交融。在祭祀活动中,参加祭祀的成员在其首领或祭师的率领下,踏着铿锵的铜鼓乐,击节起舞,绘制岩画,祈求神灵的庇佑。

左江花山岩画蹲式人形图像和犬图像

神秘岩葬

岩洞葬又称崖洞葬，是利用悬崖峭壁上的天然洞穴安葬死者的一种葬俗，其出现时间早，延续时间长，从新石器时代晚期一直到明清。现在生活在广西的壮族人还有把二次葬的葬具——金坛放于岩洞或岩厦内的习俗。

广西先秦岩洞葬是本土的一种丧葬形式，葬地大多选在山脚、山腰、近山顶处的天然洞穴或岩厦，人迹罕至，洞口隐秘，有的用石块封堵，外人不能轻易找到或进入，洞内不置棺具，为的是让死者回到祖先的住地继续生活，让其灵魂得以安宁。

魂归幽洞得安眠

陶釜（fǔ）／三足陶罐

新石器时代晚期
左，高10cm　口径9cm　腹径10.8cm
右，高14cm　口径9.6cm　腹径13.4cm
广西南宁武鸣区弄山岩洞葬出土

这两件陶器均为岩洞葬中出土，夹细砂红褐陶，器表有或粗或细的纹饰，烧成温度较高。

第三部分
多元一体
（秦汉三国两晋南北朝时期）

秦汉三国两晋南北朝时期，是广西历史发展进程中的重要阶段。秦始皇统一岭南，广西正式成为中原王朝的辖域。在郡县制政治体制管理下，广西各族群文化与汉文化不断融合。秦汉时期，广西与中原的联系日益加强，社会经济及文化均得到空前的发展。广西还作为南方海上丝绸之路的始发地，谱写了中外经济文化交流的新篇章。三国两晋南北朝时期，政局动荡不安，但广西始终未脱离中华一体格局，在岭南乃至西南地区扮演着自己独特的角色。

凿通灵渠

灵渠位于广西兴安县境内，公元前214年凿成通航，是世界上最古老的运河之一，其设计巧妙、结构完整、施工艰巨，是中国乃至世界水利工程的杰出代表。灵渠沟通了长江水系和珠江水系，连接中原和岭南，对中国的政治统一、经济往来、文化交流和边防巩固做出了巨大的贡献。2018年8月13日，灵渠入选第五批世界灌溉工程遗产名录。

三棱铜镞（zú）

战国
长3.5cm
广西来宾象州柳江河滩出水

镞是箭前端的尖头，主要有双翼、三翼与三棱三类，随时代的发展而有所变化。

这件兵器与"半两"铜钱相伴出水。出水地是古代交通要道，地理位置十分重要，很可能是秦戍五岭时期的一处重要战场。

"半两"铜钱

秦代
直径2.7cm　孔径0.9~1cm
广西来宾象州柳江河滩出水

《汉书·食货志》云："秦兼天下，币为二等，黄金以镒（yì）为名，上币；铜钱质如周钱，文曰'半两'，重如其文。"秦始皇统一六国后，废除六国货币，即以"半两"铜钱为下币，通行全国。铜钱外圆内方的造型暗合了中国传统文化中"天圆地方"的观念，成为之后历代钱币的主流。

秦统一货币纠正了过去钱文复杂难辨、大小无准则、币值不明确等弊病，有力地促进了商品贸易发展和社会发展。这两枚秦"半两"钱币应是秦始皇南开五岭时由秦军携带而来。

秦戍五岭战胶着

"半两"铜钱行五岭

设郡筑城

秦统一岭南后,设桂林郡、南海郡、象郡以加强统治,这是中原王朝在岭南设置郡县的开始。汉至南朝的近800年间,中央封建统治者继续沿用郡县制对广西进行统治。广西历年发现的秦汉至南朝的城址,与当时广西所设郡县基本对应。郡县制在广西的全面推行,既有利于当时社会的发展,也有利于祖国疆域的巩固和民族团结。

岭南汉瓦筑边城

瓦当

西汉
当径14.2cm　厚0.8~2.2cm
广西北海合浦草鞋村遗址出土

瓦当即瓦挡,是指中国古代建筑檐头筒瓦前端的遮挡,呈圆形或半圆形,上有图案或文字。

草鞋村遗址位于合浦县廉州镇草鞋村西侧的西门江边。该遗址于20世纪80年代被发现,自2007—2012年经历了多次考古发掘与勘探。从遗址出土的大量两汉时期的遗迹及遗物来看,基本确定其为两汉时期合浦郡郡城之所在。

越汉交融

秦汉王朝在岭南地区推行郡县制的同时,鼓励移民南下"与越杂处"。统治者实行的"和辑百越"等政策,极大促进了广西汉越民族的沟通与融合。越汉文化交融的迹象在丧葬礼俗、政治制度、生活习俗等方面均有所反映。这一时期广西地区大规模的民族文化交流与融合,促进了本地社会的安定与发展,也为中华民族多元一体格局的形成奠定了基础。

汉鼎翻山至岭南

"布、析、蕃"铭铜鼎

西汉
高20cm 口径18cm 腹围72.2cm
广西贵港罗泊湾1号墓出土

此为汉式鼎,盖呈半球形,上有三个环钮,长方形附耳,圆腹,圜(huán)底。腹外壁有凸棱一周,膝部有一对镶嵌眼,原镶嵌物已失,下腹有三个马蹄形足。盖面一侧刻"析",另一侧刻"布";腹外壁口沿至凸棱间一侧刻"蕃二斗二升""析二斗大半升",另一侧刻"一斗九升";腹下部刻"布"字。

"布"即布山,位于今广西贵港;"析"即析县,位于今河南西峡;"蕃"即番(pān)禺,位于今广州。地名在容量铭文之前,显示了当时三地度量衡之间的差异。此外,由器铭的磨损程度推测,此件铜鼎最先在楚地析县使用,后来传入南越的番禺和布山。

沃盥之器中原来

铺（pū）首衔环铜匜（yí）

西汉

高19.5cm　口径42.2cm　底径24.2cm　流长16cm

广西贵港罗泊湾1号墓出土

匜最初为水器，常与盘成套出土，作为盥（guàn）洗器组合。匜的用途是在洗手时盛水从上往下浇水，下面用盘承接浇下的水。汉代也用匜来注酒，《说文·匚（fāng）部》曰："匜，似羹魁，柄中有道，可以注水。"魁，羹勺。

此匜为水器，器作瓢形，壁薄，形体较大。椭圆形口，微敛，有子口阶，流作长槽状，腹上部左、右、后三面均有鎏金的铺首衔环，腹下部收折成小平底。此匜来自中原地区，反映了这一时期南北文化的交流。

小知识：罗泊湾 1 号墓

1976年在贵县（今贵港市）发现的罗泊湾1号墓，是目前广西发掘的规模最大的一座汉墓，其墓葬规模之大、随葬品之精美、文化信息之丰富，在广西乃至全国汉代考古中均占有极其重要的地位。该墓共出土铜器、铁器、漆木器、陶器、玉石器、纺织物、植物果品等1000余件随葬品。其墓葬形制和随葬器物，如汉式铜鼎、壶、钫（fāng）、盘、灯、勺等，主要呈现出中原文化特点，推测墓主应是南越国时期的汉人官吏。但棺椁（guǒ）底部设置腰坑的葬式和越式鼎、铜桶等越式器物则具岭南越人文化特点，可视为北人遵从越俗的例证。

漆绘铜盆纹饰展开图（上为内壁，下为外壁）

漆绘铜盆

西汉
高13.5cm　口径50cm　底径44.5cm
广西贵港罗泊湾1号墓出土

人马奔嘶鱼龙舞

　　铜盆平口，宽唇外折，直腹，圜（huán）底。上腹部有两对对称的铺（pū）首衔环，内底有冲压时产生的辐射线。口沿和腹壁内、外均有漆彩。口沿上饰菱形图案，腹内壁为龙、鱼和卷云图案，两条相互追逐的龙构成画面的主体部分。腹外壁所绘似是一组连贯的叙事画，绘画风格及技法应是承继楚人漆画，以四个铺首间隔，可分四组：
　　第一组三人一兽，正中一人向右侧坐，面对一兽，兽似野猪；右边二人作对打状。
　　第二组四人一马，马四蹄飞扬，一人双手前伸，仆于马侧；马前一人持杖回首惊望，马后一人持长兵器阔步追赶；更后一人弯腰下蹲，似惊骇状。

第三组五人，中间一人耸肩盘坐，着长袍，双手相握置于腹前；其左前方有二人手持长兵器拱手相趋，右前方有一人腋下夹长兵器拱手而立，其后又有一人披发，着短裤，举手向后呼唤。

　　第四组七人，一人盘坐正中，其右前方三人手持钩形兵器并排而立，左前方有一力士，右肩扛一小人，迎面而来，其后有一人大步追赶。

『多重蒜瓣』遍天下

蒜头型铜扁壶

西汉

高26.4cm　口径3.6cm　底长21.5cm　底宽6.8cm

广西贵港罗泊湾1号墓出土

　　蒜头扁壶因为壶口被制成蒜瓣形状而得名。这种壶口的器具最早可追溯至战国晚期的秦国，是秦文化的代表性器物，其最大特点就是壶口部有形似多重蒜瓣的凸出部。蒜头壶随着战国末期秦统一天下的战争传到全国各地，进入西汉以后仍然沿用，但形制稍有不同。

　　此壶为盛酒器，壶口为六瓣蒜头形，两肩各有一铺首衔环，长方形圈足，足部装饰三角形镂孔，器表原髹（xiū）黑漆，已剥蚀。

酒香淡淡熏碧霄

彩绘勾连云纹铜壶／环耳杯形铜盖壶

西汉

左，高42.8cm　口径16.2cm　底径18.6cm

右，高39.3cm　口径13.6cm　底径11cm

广西贵港罗泊湾1号墓出土

　　此铜壶为盛酒器，平口，短颈，圆腹，圈足。铜壶盖面隆起，盖上置三只S形兽形耳，肩部有一对铺（pū）首衔环。颈部、腹部分别漆绘蝉形垂叶纹、勾连云纹图案。

　　勾连云纹是云纹的一种，是将T形、S形或C形云纹相互横向或斜向勾连，密布于器表，给人虚实交错、活泼生动之感。云纹商周时期就已出现，到战汉时期，人们已不满足于简单的古老云纹，不断将其复杂化，出现了这种在当时极为流行的、相互穿插的勾连云纹。

　　杯形铜盖壶为盛酒器。壶作杯形，形制特殊。上粗下细，弧形腹。子口合盖，盖面隆起，有四只环钮，盖器扣合严密。腹部上方有一对活动环耳，下部收敛，平底，低圈足外展。器表打磨光洁，原髹（xiū）漆。

漆绘提梁铜筒纹饰展开图

漆绘提梁铜筒

西汉
高42cm　口径14cm　底径13cm
广西贵港罗泊湾1号墓出土

　　此筒为盛酒器，盖顶有环钮，深直腹，上部有一对铺首衔环耳，系活动提梁，圈足。器盖面饰勾云纹，足部饰菱形纹。器身仿自竹筒，分上下两节四段，器表涂漆，以朱、黑二色彩漆作画，每段自成一个完整画面。
　　整个画面从下往上看，是方士引导墓主灵魂一步一步升入天国的情景。
　　下节下段描绘的是方士及墓主邀神下降的情形，画面中的狗应是引墓主灵魂升天的神犬。
　　下节上段的画面应是墓主妻妾前来辞行，或是方士为殉葬妻妾作引魂祭祀仪式，之后方士又引导墓主骑云豹向天国赶路。
　　上节下段描绘的应是方士将墓主送至天门，遇到镇守天门的白虎。
　　上节上段描绘的是墓主最终升入天国的情形。

引魂骑豹踏天门

凤
舞
金
钫
赏
青
莹

"鲐"（tái）铭铜钫（fāng）

西汉

高49.5cm 口径12.2cm 底径13cm

广西贵港罗泊湾1号墓出土

　　钫是一种方形的壶，用作盛酒器，是中原传统礼器之一，在战国以前就叫壶，到了汉代起了个专名叫"钫"。

　　这件铜钫带盖，平唇，直口，方颈，鼓腹，平底，方足。盖为盝（lù）顶，顶上有四只相背而立的凤鸟形立钮。腹部有一对铺（pū）首衔环。器表原涂黑漆，画有图案。颈部有三角齿纹。足部所刻应为"鲐"字，为古地名，在今陕西武功县境内。

俎上牺牲朝天祭

三足铜案底部纹饰

三足铜案

西汉
高11cm　面径60.5cm
广西贵港罗泊湾1号墓出土

　　案又称"俎（zǔ）"，是中国古代一种放置肉祭品的礼器。
　　此铜案系用铜鼓改制而成，鼓胸部以下被截除，面焊三蹄足。直口、浅腹、直壁、平底，腹外壁饰蟠螭（pán chī）纹。鼓面中心为太阳纹，共12芒，芒间有套叠人字纹和圆圈纹，主晕为四只翔鹭，另有栉（zhì）纹及勾连雷纹。

长腿扁足生两广

铜鼎盘口内铭文"二斗少半"

"二斗少半"铭越式铜鼎

西汉
高28.5cm　口径23.5cm　腹围75cm
广西贵港罗泊湾1号墓出土

　　此铜鼎为炊器。盘口，绞索形耳，束颈，扁腹，平底，三足细长外撇，足外侧起棱。口沿内侧刻"二斗少半"四字。
　　此类鼎具有浓郁的地方特色，被称为"越式鼎"，其特征是细长腿、扁直足，在粤西、桂东北及东南地区的春秋战国墓葬中均有出土。

铜桶腹部铭文"布"　　　　　　　桶耳下方铭文"十三斤"

"布"铭铜桶

西汉
高27.1cm　直径26.2cm　底径22.6cm
广西贵港罗泊湾1号墓出土

  铜桶是岭南地区极富地方特色的容器，多见于岭南西汉前期的墓葬。铜桶的纹饰风格和同时期的铜鼓十分相似，器身外表从上到下有几组几何形纹晕带，每组由若干晕圈组成，个别铜桶以写实图像作为主晕，如羽人船纹等。

  此铜桶呈圆筒形，平口，上大下小，平底，内凹成圈足，口沿两侧有一对竖形半环附耳。铜桶上部刻饰栉（zhì）纹及勾连雷纹带，中部刻有勾连雷纹带，下部刻栉纹带。腹上部一侧刻有一"布"字，应是布山的省文。桶耳下方刻有"十三斤"三字，应是此桶重量，实际测重为3405克。

铜桶古韵留酒香

"劳邑执封（kuī）"蛇钮琥珀印

西汉

边长2.2cm

广西北海合浦堂排1号墓出土

"劳邑"之"劳"，古音通"骆（僚）"，"劳邑"即为"骆邑"；汉合浦郡有"劳水""劳山"等地名，劳邑应在今广西玉林市境内。"执封"是官名，原为先秦楚国的小邑封君爵名，春秋至秦汉之际沿用。该印章应当是南越国封赐给境内劳邑部族首领的官印。

此印与其他官印不同，材质是琥珀，而非传统的铜银质地。不仅如此，汉代高级官吏的印钮，一般是龟钮，这枚印上的印钮弯曲，呈蛇状，极为罕见。

汉封劳邑蛇钮章

"劳邑执封"印文及拓片

"九真府"款陶提筒

西汉
高31.5cm 底径21.6cm 腹围73.5cm
广西北海合浦望牛岭1号墓出土

提筒外观上和今天用的桶差不多,主要发现于中国的两广、云南地区,以及今越南北部等地。提筒出现在战国晚期,西汉南越国时期为兴盛期。提筒既可盛酒,也能储物,通常出土于等级较高的墓葬中。

该提筒有凹形立钮,子口合盖,两侧有耳,有对称穿孔,以穿绳带。盖面饰四周弦纹及锥刺纹,腹部饰两周凹弦纹,器内壁有朱书隶体"九真府"三字。汉代九真郡在今越南清化省。墓主可能曾任九真郡的郡守。

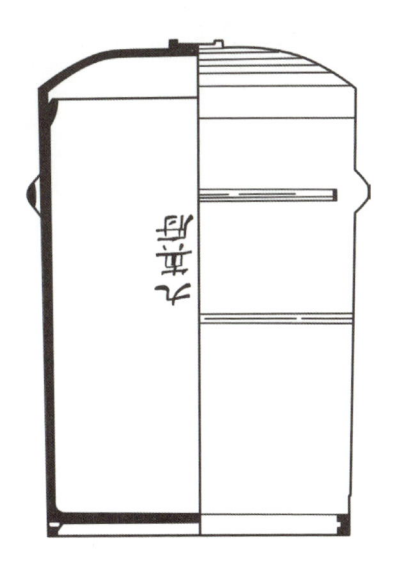

九真昔时饮宾客

"九真府"款陶提筒线图

鎏金铜面具

西汉
长21.7cm 最宽处19.1cm
广西百色西林普驮铜鼓墓出土

　　此面具为铜棺饰件，挂在棺的四角和两侧，共出土八件，此为其中一件。

　　西林县普驮铜鼓墓是西汉时期一种葬式隆重的"二次葬"墓。以铜鼓作为葬具的"二次葬"墓，为广西地区首次发现。墓坑呈椭圆形，上盖石板，用四面铜鼓套合作为葬具，类似内棺外椁（guǒ）。人骨用数以万计的绿松石珠和料珠连缀成的"珠襦（rú）"裹殓。此种葬式与夜郎地区盛行的将墓主头骨置于铜鼓内下葬的葬俗相似。

　　西林县在汉初为句町（gōu dīng）属地，汉武帝时设句町县。墓主人可能是句町的统治者。墓内随葬品既有铜面具、铜鼓葬具等有地方特色的器物，也有骑马俑、六博棋盘、对弈俑、洗、耳杯、车马饰件等大量汉式器物，表明句町族群在保留一定的自身文化特色前提下，在政治上与中原王朝联系较为紧密，在日常生活、礼葬丧俗等方面也已深受汉文化的影响。

骨入鼓中连珠缀

小知识：二次葬
　　二次葬是一种非常古老的葬俗，其显著特征是将死者的尸骨进行两次或两次以上的埋葬。二次葬多行于南方地区。由于南方潮湿，虫蚁又多，棺木容易朽坏，为保护先人遗骨，待皮肉腐烂，后人再发冢（zhǒng）开棺，拣取骨殖洗净晾干，放入特制的陶瓮等容器内，择日选地置放或深埋，重新安葬。

金马浑铸成句町

鎏金铜骑马俑

西汉

高59cm　纵61cm

广西百色西林普驮铜鼓墓出土

　　整器由马、马鞍和骑俑三部分构成，器表全部鎏金。马为雄性，膘肥肢健，除马尾单独铸造外，整匹马为一次浑铸而成。骑士亦为一次浑铸而成，头戴武冠，身穿袴（kù）褶，束臂鞴（bèi），缚裤腿，脚蹬筒靴，跨坐在方形的鞍韀（ān jiān）上。整个骑马俑同陕西西汉前期墓中出土的陶骑马俑模型十分相似，体现了句町部族对中原文化的接纳和吸收。

小知识

袴褶

　　袴褶是汉服的一种款式，起源于汉末，其特点是上身穿一种类似衬衫的上衣，称为褶，下身穿一种裤腿宽大的裤子，称为袴，外面不再穿外套。袴褶最初是作为军服使用，在魏晋南北朝时期，袴褶在民间逐渐流行，被用作常服。

臂鞴

　　臂鞴类似套袖，是一种套于臂上的保护器具。

铜六博棋盘

西汉

横29cm　高9cm

广西百色西林普驮铜鼓墓出土

　　棋盘近正方形，边沿下折，下附四只高足。盘面光平，有清晰的六博棋局纹。六博是战国至汉代中原流行的一种娱乐活动，由局、棋、箸（zhù）等组成。局为棋盘，用一块木板制成，棋盘上画有方格和T、L、V三种符号，把棋盘分成四方八区。棋子一般为12颗，博弈双方以六子对局，游戏中，投箸行棋，互为攻守，以吃子数量多少定胜负。六博在春秋至汉最为流行，此后其博弈之法渐次失传。此棋盘在地处云贵高原边缘的地区出土，反映了中原文化向周边地区的传播与影响。

六子八区筹攻守

铜跽（jì）坐俑（4件）

西汉

高9～9.5cm

广西百色西林普驮铜鼓墓出土

　　此为男俑，戴冠，着长袍，跽坐。姿态各不相同：一俑左掌交举于右肩前，右掌抚膝；一俑右掌高举于耳际，左掌贴膝；一俑右掌心向上置于膝上，左掌贴膝；一俑双手抚膝。此四俑与六博棋盘相伴出土，似和下棋有关。还有另一种说法认为是俳（pái）优形象的镇，可置于席的四角，避免席角卷折。

四俑跽坐弈六博

小知识

跽坐

　　跽坐是中国古代用于正式场合的标准坐姿,为席地而坐,两膝着地,小腿贴地,臀部坐在小腿及脚跟上。跽坐时要保持身体端正、挺直,才能体现出自己的修养,以及对对方的尊重。后来,跽坐传入日本,日本沿用至今。

俳优

　　俳优是指古代以乐舞谐戏为业的艺人。

钟鼓和鸣

广西是古代铜鼓的主要分布区之一，自春秋战国时期开始，历经2000多年，鼓声绵延不绝，成为地域文化和民族文化的主要标志。铜鼓是礼乐重器，在古代娱乐、祭祀和军事政治活动中扮演着重要的角色，也是权势和财富的象征。其铸造工艺精良，鼓身纹饰精美，内涵寓意精深，凝聚了广西先民的智慧和力量。

翔鹭纹铜鼓

西汉
高36.8cm　面径56.4cm　足径67.8cm
广西贵港罗泊湾1号墓出土

百用铜鼓擂千年

　　石寨山型铜鼓，鼓面中心为太阳纹，12芒，芒外七晕圈，主晕为衔鱼翔鹭纹，其余饰栉（zhì）纹、勾连雷纹和锯齿纹。鼓身九晕圈，饰锯齿纹、圆圈纹、羽人划船纹和羽人舞蹈纹。鼓胸为六组羽人划船纹，其中三船的划船者皆戴羽冠，另三船各有一裸体人，船头下方有衔鱼站立的鹭鸶和花身水鸟。鼓腰饰八组羽人舞蹈纹，每组二三人，头戴羽饰，下身系展开的羽裙，两臂外展，双腿叉开作舞蹈状。舞人上空有衔鱼的翔鹭。足部一侧卧刻篆文"百廿斤"。铜鼓实测重30750克。

广西古代文明陈列 065

钟鼓管弦声悠扬

人面纹羊角钮铜钟／"布七斤"铭环钮铜钟

西汉

左，高19cm　横径4cm　纵径8.1cm　底宽14cm

右，高31cm　横径12cm　纵径10.4cm

广西贵港罗泊湾1号墓出土

　　罗泊湾1号墓是广西西汉前期具有代表性的大型木椁（guǒ）墓，也是一次性出土乐器最多的墓葬。该墓所出乐器共11件，包括铜鼓、半环钮钟、革鼓、羊角钟、铜锣、竹笛、越筑、十二弦琴等。这些乐器中，铜鼓、羊角钮钟、半环钮筒形钟等具有浓厚的地方特色。钟鼓管弦之声悠扬岭外，也是当时文化艺术发展的一个重要标志。

　　人面纹羊角钮铜钟呈半截橄榄形，上小下大，顶有羊角形钮，上端开长方形孔。身部正面铸人面纹，眼、鼻、口隐约可见。羊角钮铜钟流行于战国晚期至西汉初，以岭南发现最多，在广西花山崖画上也有此型钟的图像。广西瓯骆地区应是这类铜钟的主要产地。

羊角钮铜钟和铜鼓同时代诞生，二者都属于南方民族特有的打击乐器，常相伴出现和使用。铜鼓发音浑厚、低沉，羊角钮铜钟发音圆润、清朗，两种青铜打击乐器组合在一起，可奏出完美和谐的二声部乐曲。

环钮铜钟是岭南特有的乐器。从测音结果来看，"布七斤"铭环钮铜钟的音高、律制与同一墓葬共出的羊角钮铜钟、铜锣、铜鼓相同，它们能够共同和谐演奏。

百业俱兴

秦汉至南北朝时期，随着郡县制度进一步确立，大批中原人民迁居广西各地，民族融合更加深入。中原移民带来的先进生产技术和经验，为广西经济社会发展注入新的活力，广西农业、手工业等取得较大发展，桂东南地区出现地方庄园经济。

铁锸（chā）

西汉
高9.5cm　宽14.3cm
广西贵港罗泊湾1号墓出土

铁锸是战国至汉代使用最为普遍的农业生产工具之一。平面呈凹字形，和现在广西农耕使用的平口铁锹相似。可装入木柄，用于翻土、筑埂、挖掘、开渠。

锸从先秦时期的耜（sì）发展而来。二者的区别在于耜有踏脚横木，而锸没有。汉代时期，耜、锸已经合二为一。随着冶铁和炼钢技术的进步，铁质农具在汉代愈发推广普及，广西平乐银山岭、合浦排堂等汉墓中均出土不少铁锸实物。

铁锸翻土农耕忙

广西古代文明陈列　067

悬山顶干栏式铜仓

西汉
纵79.3cm　横42.7cm　高37.3cm
广西北海合浦望牛岭1号墓出土

  此铜仓为干栏式建筑，平面呈长方形，位于一个平台之上。下设八根柱子，将整座建筑顶离地面，便于防水防潮。仓顶为悬山顶，中间有瓦脊，瓦脊前后各铸有对称的12行瓦垄，均作瓦板状，瓦片铸刻清晰。屋檐伸出前壁10厘米，伸出后壁4.5厘米。房屋前面正中设有双扇门，均有门环，可以闭合启动，并设有门槛。门前有走廊，围杆为二横一竖式。屋外四壁均有"十"字阴纹装饰。

  广西汉墓发现不少粮仓和粮囷（qūn）模型明器，反映出当时的粮食储备相当可观。大量的粮食储备，能养活更多脱离农业劳动的手工业工人、商人和脑力劳动者，是手工业、商业和文化教育事业发展的基础。从考古发现可知，汉代广西的纺织业、编织业、漆器业、制陶业、铜器冶铸业等都较发达，商业交通也很繁盛，这同农业生产大发展密切相关。当时一些郡县所在地，如郁林郡的布山（今贵港）、苍梧郡的广信（今梧州）、合浦郡的合浦（今合浦）等，都很快发展为人口稠密的工商业都市。

高脚铜仓立于地

方形合院式庑（wǔ）殿顶陶楼

西汉

纵24.5cm　横24.5cm　高31.5cm

广西桂林平乐银山岭124号墓出土

　　此陶楼平面呈方形，四合式庑殿顶重楼。前屋及左右两厢为平房，悬山式瓦顶，后间为两层，底层为两面坡瓦顶，二层为方形庑殿顶楼房。前屋正面开一门，门左右两侧分别镂直棂（líng）窗和菱形窗。屋内塑一狗。左厢外墙封闭，右厢外墙开一门，门上方镂直棂窗，屋内有一人双手持杵（chǔ），下端为一圆形器物；天井旁边站立一人。后楼底屋背面设一方形门。楼上右、后两面开窗，各有一人探头窗外，窗前露台上各有戴冠的两人对拜。四壁均刻划仿木构架纹，右后墙刻划一立马。

四合重楼古悠悠

堂下杖策藏豕群

带圈陶屋

西汉

纵27.5cm 横22.5cm 高34cm

广西北海合浦望牛岭1号墓出土

　　此陶屋为干栏式建筑，上层是房屋，下层为猪圈。屋呈曲尺形，悬山式瓦顶，顶饰瓦垄。单间，四壁有仿木构架纹。门一扇向内半掩，门后地板上设一方孔，是厕所。楼下曲尺露天的一角用矮墙围起，作为猪圈。圈内有五头猪，均作觅食状。墙根有小洞，供猪出入。

　　汉代广西养猪业极为兴盛。从陶屋模型看，几乎每家每户都有猪圈，圈栏内的猪少则一两头，多则四五头。有些是壮大的肉猪，有些是母猪和仔猪。猪的姿态也多种多样，有静卧的，有行走的，也有正在吃食的，还有猪仔趴在母猪身边吸奶的，形象逼真。这些猪俑大都头颈粗短，两耳上竖，腰背宽阔，臀部肥大，四肢短小，已和现代华南的小耳猪种相似，显然是长期人工培育的结果。

　　养猪不但给人们提供肉食，也为农业生产提供重要的肥料来源。广西汉墓中大量猪俑和猪圈模型的存在，说明广西汉代农业经济已有一定程度发展，当时人们已把养猪作为家庭财富的重要来源。

龙首三眼铜灶

西汉

纵72cm　横上23cm　下27cm　高18cm

广西北海合浦望牛岭1号墓出土

　　这件龙首三眼铜灶为随葬用的明器，与同类的陶灶一起，是我国汉代主要随葬品之一，也是汉代生活用灶的微缩品。灶呈长方形，前端正面为灶门，后端有龙首形烟突，中空。灶面有三火眼，置两釜（fǔ）一甑（zèng）。灶上的釜，可用于炖、煮食物；灶上的甑则为蒸食用具，如同现代我们所使用的蒸锅。釜与甑是汉代极为重要的炊具。

　　汉代灶具在技术上取得很大的进步，灶眼多由大灶眼和几个小灶眼组合，能够实现对热源的充分利用。同时，火门设置挡火墙，利于拔风起火，遮挡烟雾。灶后还设有烟囱，能够排烟助燃，处处体现了古人在节能和提高效率方面的创新意识。

排烟助燃烟雾遮

繁缛之礼渐崩坏

龙首柄铜方匜（yí）

西汉
纵38.8cm 横25.5cm 高10cm 底径12.5～13.5cm
广西北海合浦望牛岭1号墓出土

　　西周至春秋时期，贵族阶级在举行大型祭祀、宴飨（xiǎng）活动前，都要举行沃盥（guàn）之礼，以净手的方式表示庄重。《礼记·内则》记载："进盥，少者奉槃（pán），长者奉水，请沃盥，盥卒授巾。"西周中期前段，沃盥所用水器由盘、盉（hé）组合，西周晚期到春秋战国则多为盘、匜组合。早期的匜装饰较为繁缛，后随着沃盥之礼的逐渐崩坏，匜的形制和功能也发生变化，逐渐向轻便、精巧、实用的方向转变。

　　铜方匜器身方形，上大下小，为三阶梯式，平底，器底之下有四乳足，两侧有兽面衔活环。流作龙首前伸状，器表素面无纹。

跪俑足铜盘

西汉
高8cm　口径33.1cm
广西北海合浦望牛岭1号墓出土

　　铜盘内底细刻四叶纹，四叶之间刻二鹿二凤，外围饰以双重菱形纹，在双重菱形纹之间填饰菱形锦纹。腹内壁刻锯齿纹，口沿刻菱形回纹带。三足作人俑状，张口睁目，弯腰缩颈，双腿半蹲，以头和手将盘托起。此器用来承放杯、盘及酒樽（zūn）等。

三凤钮铺（pū）首衔环铜簋（guǐ）

西汉
高22cm　口径21.7cm　底径14.2cm
广西北海合浦风门岭7号墓出土

　　汉代广西铜铁冶铸业进入新的发展阶段。其中铜器铸造更是进入鼎盛时期，以铜鼓为主要特色，各种生活生产用具类型丰富，既具中原文化元素，又有浓厚的地方风格。
　　此铜簋为盛食器，盖顶面凸起双重环内錾（zàn）刻柿蒂纹，四叶间饰二鹿二凤，环外等距离置三只凤鸟形立钮，盖面錾刻鳞状羽纹和锯齿纹；口沿下錾刻棱形回纹，腹部錾刻鳞状羽纹；足錾刻锯齿纹。

古俑跪举托酒樽　繁花入器生光彩

广西古代文明陈列　073

金乌驾日映九枝

扶桑树形铜灯

西汉
高85cm 底径20cm
广西贵港罗泊湾1号墓出土

  此铜灯作树形，主干呈圆柱形，上细下粗，下端为宝瓶形，覆盘形底座。主干顶端平置一金乌形灯盏，其背部内空，中心有插蜡锥。主干分三层向外歧出枝杈，每层三杈，共九杈，又名九枝灯。每一枝杈尾端各承托一桑叶形灯盏，盏心皆有插蜡锥。枝杈中间部分铸成圆条状，两端铸成方条状，以便与主干及灯盏相榫（sǔn）接。主干、枝杈、灯盏、金乌系分别铸造，后用榫卯（mǎo）套合。主干之粗端刻有"×"形符号。

  这种灯台似与古代扶桑树的传说有关，《山海经·海外东经》记："汤谷上有扶桑，十日所浴，在黑齿北。居水中，有大木，九日居下枝，一日居上枝。"此件铜灯上有金乌，且九枝在下，一枝在上，正与上引《山海经》所记相合。

  金乌是中国神话传说中驾驭日车的神鸟名。

一文杯得铜杯十

黑漆耳杯

西汉

长14.9cm　耳宽11cm　高2.7cm

广西贵港罗泊湾1号墓出土

耳杯是中国古代的一种盛酒器具，外形椭圆，浅腹，平底，两侧有半月形双耳，有时也有饼形足或高足。因其形状像爵，两侧有耳，就像鸟的双翼，故也名"羽觞（shāng）"。

汉代初期，岭北漆工南下，为广西本土漆器业的建立带来了技术力量。广西贵港是当时岭南漆器制作中心之一，产品类型多样，用途广泛，花纹布局和基本纹样具有明显地方特色。

罗泊湾汉墓出土大批黑漆耳杯残片，能复原者仅20多件，其中便有这件耳杯。这些耳杯形椭圆，两侧有月牙形耳，大部分外表髹（xiū）黑漆，腹内髹红漆，个别通体髹黑漆，耳及口沿多描朱色纹饰。

漆耳杯一般为贵族所用，价格昂贵，有"一文杯得铜杯十""一杯棬（quān）用百人之力"的说法，即一件彩绘漆耳杯等值于十件铜杯，做一件漆耳杯要费一百个劳动力，说明其制作过程非常复杂、费力。

凤飞天下大安宁

羽纹铜凤灯

西汉
纵42cm　横15cm　高33cm
广西北海合浦望牛岭1号墓出土

　　灯作凤鸟形，顾首回望，双足分立，尾羽下垂及地，足与尾形成鼎立之势以支撑灯身。各部位轮廓清晰，比例匀称。凤鸟背部有一圆孔，用以放置长柄灯盏。凤鸟口内衔喇叭形灯罩，正对灯盏蜡锥柱上方。凤鸟颈部由两段套管衔接，可以自由转动和拆卸。灯罩与颈部及腹腔相通，腹腔中空，可以贮水。当灯盏中的蜡烛点燃时，烟灰经灯罩纳入颈管，再由颈管导入腹腔，最后溶入水中，具有消烟环保的功能。

　　羽纹铜凤灯一同出土两件，为雌雄一对，因此也被称为"凤凰灯"。凤凰通体细刻精美华丽的羽毛，使用的是当时岭南西部独有的錾（zàn）刻工艺，这种工艺也是广西地区工匠对中国青铜工艺的重大贡献。

羽纹铜凤灯使用示意图

  凤凰是中华民族古老传说中的神鸟，凤凰出现，寓意"天下大安宁"。因此，铜凤灯的制作，或寄托了广西工匠对中华民族"天下大安宁"的美好祝愿，反映了中原文化与本地文化的交相辉映和融合发展。

盛聚甘露为长生

谷纹高足玉杯

西汉
高11.3cm 直径4.5cm 底径3.3cm
广西贵港罗泊湾1号墓出土

　　此杯呈红褐色，由一块半透明的硬玉雕琢而成，口沿及下腹部刻细弦纹和勾连云纹，杯身中部满饰排列规整有序、大小均匀、凸起的谷纹。玉杯的装饰，以阴刻与阳凸交错，有较强的立体感，具有较高的工艺水平。此类造型的玉杯在秦代和西汉的墓中均有发现。据推测，可能是墓主生前用来盛聚甘露及服用长生不老药物的器具。

　　谷纹是玉器上常见的一种传统纹饰，像谷物发芽的样子，是农耕文明发展的产物，象征着生机勃勃的景象，寄寓着人们对农业丰收的盼望。谷纹最早出现在春秋时期的玉器中，到战国时期发展为逗号字样，如同圈着尾巴的蝌蚪，因此也俗称"蝌蚪纹"。

龙形玉饰件

西汉
长9.4cm
广西贵港罗泊湾2号墓出土

中原玉龙飞瓯骆

　　玉饰件通体呈黄褐色，器身为扁圆弧形，前端雕琢龙头，昂首张嘴，龙目圆睁，颈刻细鱼鳞纹，身披绞丝纹，近首尾处各有一小圆孔。其尾部虽有残缺，但仍让人遐想万千，可以说是集"工艺精湛、寓意美好、意义非凡"为一体。其制造技艺和风格，表现出明显的中原文化特征，证明了早在西汉时期，广西已受到中原地区玉文化与龙文化的影响。而玉文化与龙文化在广西得到普遍认同与广泛传播，也证明了广西在历史上与中原地区文化和精神的内在关联。

龙凤象猴纹铜镜

西汉
面径11.1cm　厚0.4cm
广西贵港震塘乡11号墓出土

　　铜镜一般由含锡量较高的青铜铸造，最早出现于商代甘肃、青海的齐家文化时期，到汉代其铸造工艺和纹饰设计均达到很高水平，从王公贵族才能享用之物变为普通百姓不可缺少的生活用具。
　　此镜高凸宽圈外两周短斜线纹带之间的主纹为线条式的龙、凤、象、猴、野猪、小鸟等禽兽环列。动物的种类多，线条粗放，构图简练，形态憨拙。其中大象、猴子在汉镜中较少见。

王侯富贵照民间

龙首玉带钩

东汉
长4.5cm
广西贵港南斗村3号墓出土

　　此带钩玉质莹润，呈米黄色，表面光洁，有玻璃光泽。钩呈扁圆柱状，背面平，正面为弧面，钩首为龙首，钩身为半椭圆弧面，其背部有圆形钮。
　　带钩也叫犀比，是古人腰带上的挂钩。起源于西周，战国至秦汉广为流行。带钩由钩首、腹与钮组成，多用青铜铸造，也有用黄金、白银、铁、玉等制成的，是身份和地位的象征。带钩所用的材质、制作精细程度、造型纹饰及大小都是判断其价值的标准。

玉龙回首固腰身

广西气候炎热，古时人们多打赤膊，不系革带，较少使用带钩，因此广西出现带钩的时代较晚。目前广西地区出土的古代带钩，年代以汉代为主，工艺精美，是中原文化对当地民族文化产生影响的重要物证之一。

中国大宁宜子孙

中国大宁博局纹鎏金铜镜

东汉
面径18.5cm 厚0.45cm
广西梧州低山2号墓出土

此镜铜质鎏金，博局纹。这种纹饰的铜镜即规矩镜，也称TLV镜，是汉代最流行的镜种之一，镜面图案由几何图案纹样组成，再与四神或鸟兽主纹组合。

此镜钮座外二道弦纹圈将纹饰分为内、中、外三区。内区为凹面双线方格纹及四个T形纹，T形纹两侧各饰一线条式禽兽纹。中区一圈铭文为"视容正己镜□□，得气五行有□纪，□□公于终须始，中国大宁宜子孙"，反映出希望国家统一和安定繁荣的愿望。外区，与T形纹相对的是L形纹，与钮座方框四隅相对的是V形纹，两种纹饰将外区划分为八个小的区域。

四足方台座滑石囷（qūn）

东汉
高31cm　底长20cm　底宽19cm
广西梧州出土

　　囷是古代一种圆形的粮仓。此囷为模型，用整块滑石雕凿而成。门位很高，需要架楼梯方可出入。门侧有长方眼，是插封仓横杠的门眼。基座底下有四根棱形柱将囷体顶离地面，有利于防水防潮。

春耕秋获满囷仓

三羊卧蕉意吉祥

刻花三羊钮陶盒

东汉

高22cm　口径22cm　底径16.4cm

广西贵港总仓库10号墓出土

　　此陶盒器呈扁圆形，施青黄釉。盖顶面呈品字形分塑三只回首卧羊，凸起的双重环内饰柿蒂纹，盖面饰羽纹和蕉叶纹，腹部置对称的铺（pū）首衔环，饰蕉叶纹、篮纹。盒也称为"盛"，《说文·皿部》记载："盛，黍稷（shǔ jì）在器中以祀者也。"用于盛米食，与盛肉食的鼎相配合使用。盒盖上三只卧羊，寓意三阳开泰、吉祥如意、幸福美满。

庄园役使忙西东

长方形五俑三眼红陶灶

东汉
长28cm　宽18.8cm　高21.5cm
广西贵港新村22号墓出土

　　这件红陶灶前有火门，后有烟囱，烟囱制成龟嘴仰天吐烟状。灶上三眼置三釜（fǔ），两人在操作。灶左右两侧各置一缸，亦各有一人在操作。火门前有一人，趴在地上作观火状。此灶反映了当时封建地主庄园中已出现手工业作坊，而且这些手工业需要大量役使农民和奴婢。

滑石易得随布衣

贯耳滑石钫（fāng）

东汉

高36.5cm　口径11cm　底径11.2～13cm

广西梧州云盖山出土

广西拥有丰富的滑石矿资源。滑石质地柔软，色泽滋润，晶莹似玉。由于滑石易得，且经济实惠，西汉晚期被大量用来代替玉石制作随葬品。多见于规模较小的墓葬，主要为平民百姓或较低等级的官吏所使用。

钫是一种方形的壶，用作盛酒器。

五味俱全调美羹

五联釉陶罐

东汉

纵19.5cm　横19.5cm　高10cm

广西贵港公园6号墓出土

　　五联罐是典型的越式器，在当时是一种非常实用的器皿，用于盛放各种果品。汉墓中多次发现罐内有酸梅的果核。也有学者认为它们是用来贮盛酸、甜、苦、咸、辛五味的。

铜牛／铜狗

东汉
上，高24～27cm　长40.5～41cm
下，高9.3～11cm　长12.5～16.5cm
广西北海合浦风门岭26号墓出土

  西汉晚期起，广西汉墓中出现了许多动物明器，主要有牛、羊、鸡、鸭、猪、狗等，形象十分逼真。出土的陶屋也常常带有猪圈、羊圈，有些陶屋还有专门供牲畜出入的门洞，说明当时饲养家禽、家畜已非常普遍。

  铜牛，公、母黄牛一对，其中雄性黄牛背驼峰高高耸起，显示出雄黄牛的特征；母牛体形矮粗，似已怀孕，背脊较平。黄牛在岭南习见，广西先民很早就养殖黄牛，用牛耕地，有崇拜牛的习俗。

  铜狗一雄一雌，皆实心。雄性，两耳直竖，两前腿撑地，后腿略屈，作攻击状，尾部竖起略前卷；雌性，体形略显娇小，头低垂，两耳直竖朝前，尾向上弯曲。

牛羊猪狗频出入

广西古代文明陈列

青瓷莹光映南朝

青瓷钵（bō）

南朝
高11.8cm　口径18cm　底径3.6cm
广西桂林恭城新街长茶地1号墓出土

钵形似小盆，用以盛饭与茶汤。

这件青瓷钵出土于南朝墓葬，当时共出土100多件青瓷器，主要为日常生活用器和明器。这批青瓷器器型多样，制作精细，胎质坚实，扣之铿锵有声，釉色莹润有光，说明当时的制瓷技艺已经成熟。

广西出土的青瓷器与南方各地出土的同一时期的青瓷器在风格上基本一致，属南方青瓷系统。

扬帆出海

《汉书·地理志》详细记载了汉代海上丝绸之路的线路及贸易情况。位于广西北部湾畔的合浦，既是汉代海上丝绸之路的起点，也是海上丝绸之路向内陆及东南沿海延伸和辐射的重要节点。历年来，广西等地出土的来自域外的玻璃器皿和珠饰等贸易奢侈品即为明证。

金饼珠玉便携行

"阮"铭金饼／"大"铭金饼

西汉

"阮"铭，直径6.5cm　重247g／"大"铭，直径6.3cm　重249g

广西北海合浦望牛岭1号墓出土

这两枚金饼均为圆形，正面内凹，刻有铭文，背面稍隆起，比较粗糙，一枚重247克，刻一个"阮"字，"阮"字上方再细刻一个"位"字；另一枚重249克，刻一个"大"字，"大"字下方再细刻"太史"二字。这类圆形金饼重量大多在250克左右，与汉代黄金以斤为单位基本一致。历史典籍中也记载了这类金饼属使用流通型，也可用于贡祭，其特点是便于叠摞、携带和储藏。

铜马嘶鸣护汉疆

大铜马

西汉

高115.5cm　长109cm　宽30cm

广西贵港风流岭31号墓出土

　　马为空心浇铸而成，分头、耳、身躯、四肢、尾九段装配，其形体高大，神态逼真，是全国罕见的大铜马。出土时，眼、鼻、舌、唇残存朱色彩绘痕迹。驭手高鼻深目，是一位胡人老者。

　　和铜马、驭手一同出土的还有鎏金铜车辖、马衔、车马饰和铜弩（nǔ）机、铁戟（jǐ）等遗物，说明随葬的原有一件马车模型，车身可能为木制，已腐朽不存。在冷兵器时代，青铜和马是非常重要的战略物资，用大铜马来陪葬，是权力、财富和地位的象征，墓主人可能是郡县的一员武将。

　　广西博物馆收藏的汉代铜马共有三件，它们均体形硕大，和广西本土矮马不同。史书记载，汉代初期为保卫边境安全，朝廷十分重视驯养战马，大铜马的原型很可能是胡人进贡的外来马种。其出现于广西，是广西本土文化和中原文化交流融合的见证物。

河上红舟任漂流

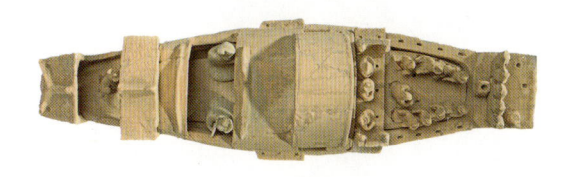

陶船

东汉
全长63.5cm　高21.5cm　中宽10.5cm
广西贵港梁君垌（dòng）14号东汉墓出土
广西文物保护与考古研究所藏

　　这是广西目前出土的最大陶船模型，为大型内河船。红色泥质陶，船体长条形，首尾狭窄，中部较宽。船内分前、中、后三舱，前、中舱篷顶为拱形；后舱窄高，为舵楼，两坡式篷盖，饰菱格纹。船上立有15个大小俑：舵楼一个，中舱两个，船头12个（分列两排划船，前有一人指挥）。划船俑两侧船边各有桨架四处。船头有鼓、系缆桩及挡板，鼓面饰太阳纹。

　　广西河流众多，西江、桂江、南流江、北流河等自古以来就是重要的航道。该陶船不仅显示了当时高水平的造船工艺，也从侧面反映了汉代广西内河航运体系的发达。

金丝越洋易流离

承盘高足玻璃杯

东汉
杯高8.3cm　杯口径6.4cm　杯足径5.5cm
盘口径12.2cm　盘底径9cm
广西贵港南斗村8号墓出土

　　此玻璃杯盘均为半透明的淡青色，杯敞口，深腹，高足覆盘形底，腹部有凸弦纹两道；盘为敞口，浅腹，平底，盘内有圆形凹槽，杯足可套入。

　　玻璃在古籍中常写作"流离"。4000多年前，在美索不达米亚和古埃及等地，出现了人工制造的玻璃。大约公元前1000年，中国开始烧造玻璃。

　　到了汉代，由于上层统治者对玻璃器的刻意追求，国产玻璃无法完全满足需要，极大地刺激了外产玻璃的进口。《汉书·地理志》记载，汉武帝时，政府便派出使者，从广西合浦港乘船出发，沿太平洋、印度洋海岸航行，到达东南亚、南亚甚至更远的西亚、地中海地区，进行友好贸易。

　　当时出海的人，常常是带着黄金和丝织品，到南洋去购买明珠、璧流离、奇石异物。回到合浦登陆后，再运到布山（今贵港）、苍梧（今梧州），由内河转运到全国各地。因此，合浦、贵港、梧州出土的大量玻璃制品及水晶珠饰等，是当年远洋贸易的历史见证。

水晶串珠

东汉
径1.9cm
广西贵港粮食仓库1号墓出土

　　水晶，古称"水玉""水精"等。属于稀有矿物，为宝石的一种，为石英结晶体，主要化学成分是二氧化硅（SiO_2）。无色透明，当含微量元素铝、铁等时，呈烟色、紫色、黄色等。

碧波晶辉映月明

紫水晶串珠

东汉
最长1.3cm
广西贵港初中部宿舍2号墓出土

　　这串紫水晶珠形制有圆形、榄形、扁榄形、滴水形等。印度南部的德干高原是当时紫色水晶的主要产地，这类紫色水晶串珠可能来自这一带。

广西古代文明陈列

五彩水玉带海风

玻璃、石榴石、紫水晶串珠

东汉
径0.5～1cm
广西梧州低山2号墓出土

　　玻璃珠共648颗，其中蓝色珠643颗，半透明、圆形、扁圆形或长圆形，为低钙高铝钾玻璃；绿色珠5颗，不规则圆形，为钾铅玻璃。另有紫水晶珠、石榴石珠各1颗，均为圆形。

玉髓、玻璃、绿柱石、水晶串珠

东汉
单颗珠子最长2.7cm
广西贵港南斗村7号墓出土

　　这串珠饰材质丰富，形制多样，色彩绚丽。材质有绿玉髓、钾玻璃、钠钙玻璃、绿柱石、水晶等，形制较为特殊少见。除玻璃外，玉髓、绿柱石、水晶等宝石类珠饰也是当时海路贸易中备受欢迎的进口商品。

第四部分
经略有方
（隋唐五代两宋时期）

　　隋唐五代至两宋时期，是广西历史上承前启后的重要发展阶段。隋统一中国，结束了自东晋以来近300年的分裂局面。唐宋时期，广西之名正式出现。此外，中央朝廷非常重视对广西的民族政策，在少数民族地区设置了众多羁縻（jī mí）州县，任用地方首领自治管理。这一时期的广西，兴修水利、凿通运河，设立铸钱监、开辟博易场，瓷业兴盛、商贸繁荣、人文荟萃，迎来了社会、经济、文化的大发展。

肇建广西

　　唐宋时期在全国实行道路制。唐初将天下分十道，今广西大部分地区属岭南道。唐咸通三年（862年），岭南道东西分治，今广西属岭南西道。宋至道三年（997年），分置广南东路、广南西路，广南西路简称广西，广西之称便由此而来。唐宋两代还在广西少数民族地区实行羁縻制度，设羁縻州县进行管理。

> **小知识：羁縻制度**
>
> 　　羁縻制度起源于秦汉，盛行于唐宋，是中国古代封建王朝针对边疆少数民族地区采取的民族政策。设置州县，授予各族首领官职并允许世袭，让他们管理当地的军政事务，同时保留原有社会组织和经济、文化特点。这一政策旨在维护多民族国家的统一和稳定。

岭南置道唐初治

"武夷县之印"铜印

唐代
印面边长5.4cm　高4.2cm
广西南宁隆安城厢出土

　　此印出土时置于一铜盒内。印为正方形，桥形钮，印文为朱文小篆"武夷县之印"，其背阴刻楷书"武夷县之印"。

　　此印虽无年款，但其形制及印文篆法与出土及传世唐印基本相同，是唐王朝在岭南地区置州设县，以实行统治管辖的证明。

要塞砖瓦遗故城

联珠纹瓦当

唐代
面径12.8cm　长35.6cm
广西玉林容县红卫路出土

　　此为半圆筒形瓦当，胎质厚实，烧成火候高，质地坚硬。当面印二周联珠纹和凸弦纹，中心印五瓣花纹。

　　此瓦当和容县容州镇红卫路一处古井中出土的具有唐代风格的瓷器、铜镜及陶、铁、玻璃等器物和残件，都是容州故城所在的证明。

海兽葡萄纹方形铜镜

唐代
面径11.1cm　边厚1.2cm
广西梧州藤县城关三合村出土

　　此铜镜为方形，镜背伏兽钮，高沿凹背，浮雕纹饰分两圈，内圈为海兽攀缘葡萄枝蔓，外圈饰飞禽葡萄纹，华丽而繁缛。色泽黝黑，镜面光亮可鉴。
　　海兽葡萄纹是域外文化与汉文化交融的结果，这种纹饰的铜镜是唐代铜镜的典型代表，主要流行于盛唐时期。唐代广西出产的铜镜做工精致，一度被列为宫廷贡品。史书记载，唐开元年间，桂州曾向朝廷进贡铜镜44面。

盛世辉煌镜中映

开元廿年宁道务墓志残碑

唐代
长30cm　宽31cm　高8cm
广西钦州久隆镇出土

　　碑为陶制，通体楷书。宁道务是唐代岭南地方官员。此碑将宁氏家族族谱续写至开元二十年（732年），填补了史籍记载的缺失。
　　宁氏家族是南朝梁至隋唐时期岭南地区的俚僚（lǐ liáo）望族，祖上为冀州临淄（zī）人，南下钦州后，成为该地区的民族首领，同时又归附朝廷，成为朝廷委任在岭南西南部实行羁縻（jī mí）之治的重要首帅。在岭南历史上，宁氏家族有"刺史世家"之称。

宁氏刺史羁縻帅

修渠开河

广西江河纵横，水系发达。唐代是广西水路交通发展的重要时期，不仅实施了一系列运河开凿工程，还对灵渠进行了两次大规模的疏浚修缮，发挥了人工运河的航运作用，也灌溉了河流两岸绵延千里的沃土良田。通过运河，江河与海洋相连，为当时广西的交通、经济、社会、文化发展提供了强大的推动力。

开凿运河铭石刻

"元和三"人物头像石刻及其拓片

唐代

潭蓬运河东段石壁

此石刻上方画一戴幞（fú）头人像，下方刻"元和三"。"元和"为唐宪宗年号，元和三年为808年。柳宗元为曾任安南都护的张舟所写的墓志铭中提及元和年间张舟开凿运河事，这一记述与石刻能够相互印证。

冶铸博易

广西的社会经济在唐宋时期得到了显著发展，冶铸业成就突出，商品流通所需货币与日俱增。唐代在桂州置监铸钱，宋代更是在梧州、贺州和浔州设立了三大铸钱监，在广西边境地区还设立邕（yōng）州横山寨、永平寨、钦州三大博易场。日益繁荣的商贸促使广西的交通路线不断拓展，推动了我国西南地区及东南亚地区在经贸上互通有无。

金船鱼跃饮清觞

錾（zàn）花鎏金银摩竭

北宋
长34cm 宽9.2cm 高14.8cm
广西河池南丹虎形山出土
南丹县文物管理所藏

此器亦称酒船，为酒器，与窖藏同出且装饰风格一致的高足盘、高足碗等并为饮食器一组。锤揲（yè）铆焊成型，錾花装饰，造型仿于船，亦成摩竭鱼式，可见借形巧思。

锤揲是利用金银质地柔软、延展性强的特点，将金银片锤击成型，可制作成各种器型和纹饰。錾花又称錾刻，是利用小锤击打各式錾子，在器物表面形成纹饰的工艺。鎏金是以金汞剂涂饰于金属器表，经烘烤形成镀层的工艺。

摩竭是印度神话中的一种巨鱼，卷鼻利齿、双鳍似翼，与佛教文化有着密切关联。公元四世纪末，摩竭的形象和故事传入中国后，受到中国鱼化龙传说的影响，逐渐成为一种流行纹饰。

茶马古道广流通

"崇宁重宝"铜钱

北宋
孔径0.6cm 外径3.5cm
广西梧州钱监遗址出土

铜钱为圆形，方孔，素凸宽缘，均有"崇宁重宝"字款。

宋代在广西梧州、贺州等地设立了铸钱监，役使工匠开凿矿山，鼓冶铸钱。其中，梧州钱监所铸铜钱，在元丰年间行使于广南西路，称"元丰监"。

元丰钱监遗址现有操作坑、原料坑、储水池、熔炉等设施，出土陶坩埚（gān guō）、陶风管、陶杵（chǔ）、铜渣、铜钱等遗物。元丰钱监每年铸钱18万缗（mín，每缗1000文），为江南六大钱监之一，所铸钱币在广西宋代商业贸易中起着至为关键的作用，不仅通过茶马古道广泛流通使用，还通过海上丝绸之路传入东南亚地区。

兴举瓷业

唐宋时期，得益于海外贸易及博易场的繁荣，广西瓷业蓬勃发展，瓷窑数量骤增，遍布各地，一派繁盛景象。广西唐代瓷窑主要烧造青瓷。宋代瓷业达到鼎盛，形成了青瓷与青白瓷两大类瓷，其规模、技术、品种、品质，均超越了以往历代，填补了古代制瓷工艺的地区空白。广西瓷窑产品不仅可以满足民间日常使用，还是对外贸易的主要商品。

岭垌（dòng）窑"宣和三年"款攀枝婴戏纹盏模

北宋
高6.1cm　柄高2.1cm　面径11.8cm　柄径3.9cm
广西玉林北流岭垌窑址出土

印模呈蘑菇形，圆柱形实柄，印面刻锦地攀枝婴戏纹，印顶刻团菊纹，印背刻"时号宣和三年辛丑岁仲秋念五日立""岑八与岑七共使"字样。"宣和"为北宋徽宗赵佶（jí）的年号，宣和三年为1121年。

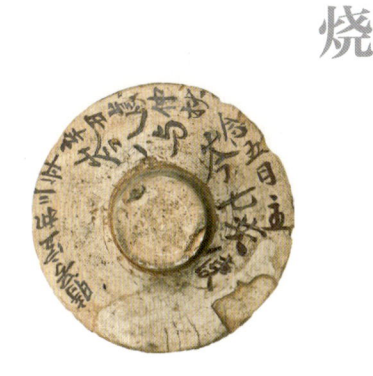

一钵一器仰天烧

> **小知识：岭垌窑**
>
> 岭垌窑创烧于北宋后期，盛于南宋，宋元之际停烧。瓷窑结构为坡式龙窑，采用一钵（bō）一器仰烧法。产品多为餐具，以青白瓷为主，装饰方法以印花为主，风格受景德镇窑影响。纹饰有缠枝或折枝花卉、游鱼、飞禽、婴戏及海水摩竭等。

广西古代文明陈列

永福窑青釉彩绘花腔腰鼓

宋代
纵57.6cm　一端口径19.8cm　一端口径11cm
广西桂林永福窑田岭窑址出土

　　此瓷腰鼓腰身细长，一端近球形，另一端为喇叭形。表面施青釉，釉层稍薄。鼓身绘釉下褐彩花纹。鼓腔内书写人名"蒋四""蒋小八"。

　　瓷腰鼓始见于隋，盛于唐，延续至宋元。从目前的考古发掘来看，广西宋代多地有瓷腰鼓烧造，其中以永福窑数量为最，还有专烧腰鼓的窑场。这一发现也印证了南宋范成大在《桂海虞衡志》中的记载："花腔腰鼓，出临桂职田乡，其土特宜鼓腔，村人专作窑烧之，细画红花纹以为饰。"南宋周去非的《岭外代答》中也记载："静江腰鼓，最有声腔，出于临桂县职田乡，其土特宜，乡人作窑烧腔。"至今广西许多地区仍有使用腰鼓的习俗。

腰舞翩翩鼓喧天

永福窑红釉模印花卉纹盏

宋代
高3.1cm　口径12.5cm　底径4cm
广西桂林永福窑田岭窑址出土

　　高温铜红釉首先出现于唐代长沙窑，是以铜为着色元素在高温还原气氛中一次烧成的颜色釉，烧造技术难度相当大。宋代时，广西的永福窑田岭窑也掌握了这一工艺。

红花浴火一朝成

> **小知识：永福窑**
>
> 　　永福窑田岭窑创烧于北宋晚期，盛于南宋，为宋代常见的斜坡式龙窑，产品包括盘、碗、碟、盏及花腔腰鼓等。以青瓷为主，也有红釉及绿釉瓷。装饰以印花为主，刻、绘花次之。此窑在釉色和装饰取材上受耀州窑青瓷影响，同时也结合地方传统风格，形成了自身特色。

青白之器去他乡

中和窑青白釉模印摩竭水波纹碗

宋代

高4.1cm　口径13cm　底径3.7cm

广西梧州藤县中和窑址出土

此碗敞口，斜壁，圈足。碗心模印菊花一朵，内壁模印摩竭水波纹。

> **小知识：中和窑**
>
> 　　中和窑创烧于北宋中后期，盛于两宋之际，衰于宋元间。产品以青白瓷为大宗，师承景德镇，同时广泛汲取定窑、耀州窑等名窑所长并不断创新，成为青白瓷的主要产地之一。其装饰方法以印花为主，印花线条清晰流畅，构图严谨。纹饰以缠枝花卉最流行。中和窑是以生产外销瓷器为主的民间瓷窑。

广西古代文明陈列

匣钵护瓷避尘烟

钵腹部铭文"本"

"本"款陶匣钵（bō）

宋代
口径14.5cm　高5.2cm
广西梧州藤县中和窑址出土

　　钵呈漏斗形，直口，平唇，深腹，腹下内收成小平底，腹部有铭文"本"字。

　　古代烧瓷主要使用木柴，会产生大量烟尘，若瓷坯在窑内直接接触火焰，则会受烟火熏染，容易出现釉面不匀、沾染烟灰窑渣的情况。所以古时烧瓷会用到匣钵。匣钵以耐火黏土制成，一般为筒状或漏斗状。将待烧的瓷坯装入匣钵中，既能使坯件在窑炉内均匀受热，防止窑火与瓷坯直接接触而使釉面被颗粒尘埃附着污染，同时也隔离了瓷坯避免其在烧造过程中相互粘连。匣钵早在南朝就已出现，唐代开始普遍使用。

　　从发现的大量匣钵来看，中和窑普遍采用一钵一器仰烧法，晚期兼用一钵多器叠烧法，装烧容量得到提高，反映了瓷器烧制技术的进步，也体现了窑主们追求产量的经营作风。

中和窑摩竭水波纹碗模

宋代
高6.4cm　面径13cm　柄径4.5cm
广西梧州藤县中和窑址出土

　　印模呈蘑菇形，圆形实柄，印面阴刻摩竭水波纹，以细密的篦（bì）纹作波涛汹涌的海水，海水中一尖头张尾、背鳍怒张的摩竭，势如倒海翻江，极为生动。印顶刻团菊纹。

中和窑"嘉熙二年"款莲池鹭鸶纹盏模

南宋
柄长1cm　高4.9cm　面径9.7cm
广西梧州藤县中和窑出土

　　印模呈蘑菇状，短圆实柄，瓷质坚实。模面边缘刻回纹一周，中心为花鸟纹，背面刻文"嘉熙二年戊戌岁春季龙念叁造"一圈。"嘉熙"为南宋理宗赵昀（yún）的年号，"嘉熙二年"为1238年，"龙念叁"是窑工名。这件纪年器物，为判明中和窑的烧造年代提供了可靠的实物依据。

倒海翻江形罕见

莲池鹭鸶印嘉熙

广西古代文明陈列　105

中和窑的瓷器装饰风格富有浓郁的生活气息和民间风味,早期多见繁缛细致的缠枝花卉纹,后期的装饰风格疏朗粗简,这一转变与后期窑场经营作风的改变息息相关。

严关窑"癸(guǐ)未"款海水双鱼纹印花碗模

南宋
高13.8cm 宽15.5cm
广西桂林兴安严关窑址出土

此碗模呈蘑菇状,柄中空,陶质坚硬。印面阴刻海水双鱼纹,柄侧阴刻"癸未年孟夏终旬置造花头周三四记匠"16字,"癸未年"为南宋隆兴元年(1163年),"周三四"是窑工的名字。

模具是瓷器作坊重要的工具之一。宋代模具兼有印花和成型两种功能,操作简便,效率较高。从碗模的铭文看,当时将印模称为"花头"。

花头印花烧百器

> **小知识:严关窑**
> 　　严关窑位于兴安县严关镇,紧靠灵渠东岸,创烧于南宋初年,采用宋代通用的坡式龙窑结构,多为明火叠烧。以青瓷为主,烧制产品以碗、碟、盏为大宗,装饰艺术以印花为主。严关窑的源头可溯至湘江下游流域,当地许多窑址的产品在器型与纹饰上与严关窑有许多相同或相似之处。

崇学重教

唐宋以来,随着交通逐渐发展、与中原地区的经济联系日益紧密,广西的文化教育得到了长足进步。地方官吏积极推动崇文重教之策,名臣儒士纷至沓来,开办官学,设立书院,办学之风盛行。广西士子通过科举登科入仕;流寓广西的众多文人墨客吟咏于青山秀水之间,名篇佳作传诵至今。

《独秀山新开石室记》石刻拓片

唐代
高48cm　宽87cm
桂林独秀峰读书岩

唐大历年间,桂州刺史李昌巎(kuí)对南朝诗人颜延之在独秀峰的读书岩进行整修,建宣尼庙,庙内开辟学宫,供学子读书。唐建中元年(780年),监察御史郑叔齐作《独秀山新开石室记》一文记述此事,并铭刻于读书岩上。这是桂林关于官办教育最早也是最详细的记载。

读书岩上石室记

胜览风物

广西山川形胜，奇丽秀美，唐宋以来，无数文人迁客都曾驻足于此，题诗赋于山崖，载风物于书册，留下了大量的摩崖石刻与地志史籍，对了解当时广西乃至中国历史文化具有重要价值。广西的道教与佛教在这一时期也不断发展、交融，呈现出一派道显佛盛之象。

铭刻应是奉佛人

"桂州兴安县人吏赵昶（chǎng）"铭银盂（yú）

宋代

高4cm 口径11.4cm

广西桂林兴安宝塔寺地宫出土

此盂敞口，弧腹，卧足，腹部外壁錾（zàn）刻多个人名，底部铭文为："捐银龙一条、银盂一个入宝塔。"表明这群善男信女是这件银盂与这条银龙的捐赠者。

兴安怀德坊（今万里桥南）宝塔寺建于北宋宣和元年（1119年）。寺内宝塔于1934年倒毁，塔下地宫中出土金银龙、银盂、银碟、银童子、银寿星、金钱、银钱、铜镜等遗物。这些文化背景相异的供奉物于佛塔地宫中共出，反映了当时佛教、道教在广西的融合发展。

桂林山水甲天下

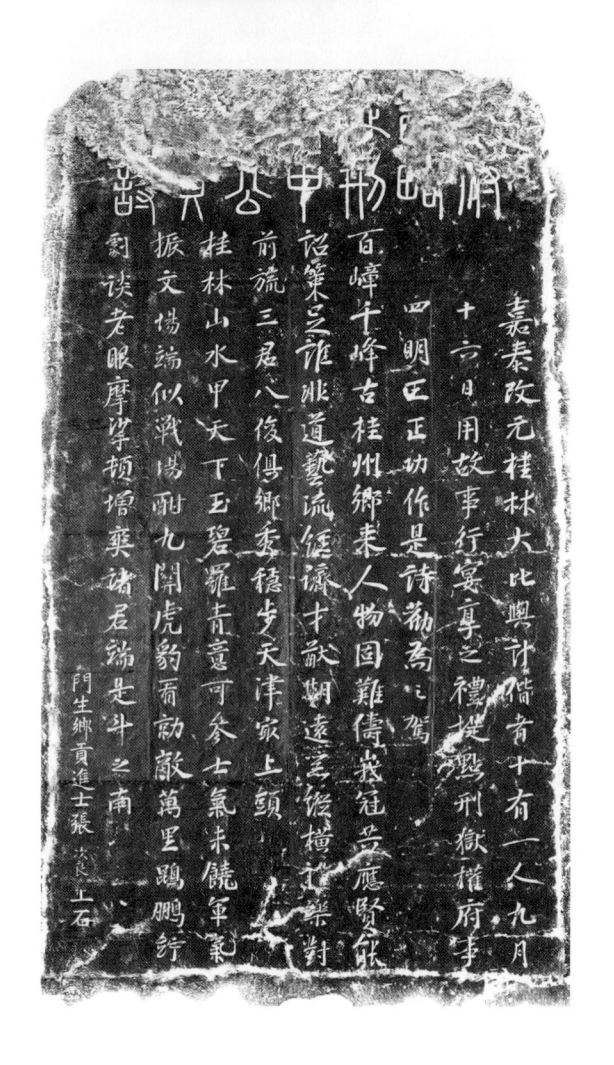

王正功题鹿鸣宴诗石刻拓片

南宋
高115cm 宽64cm
桂林独秀峰读书岩

　　此石刻为行书。鹿鸣宴为古代地方官员为乡试中举士子举办的宴会。南宋嘉泰元年（1201年），时任广西提点刑狱的王正功在鹿鸣宴上即兴作诗两首，脍炙人口的名句"桂林山水甲天下"便出于此。

第五部分
边疆巩固（元明清时期）

元明清时期，统一多民族国家的建设不断得到巩固。元朝统治者在广西创立土司制度，加强对少数民族地区的治理。明代，土司制度进入全盛时期，广西少数民族地区多处于土司制度的统辖之下。随着土司制度弊端的显露，清王朝实行大规模改土归流，逐步革除土司制度。广西的经济、文化取得了新的发展成就。

土流并治

元明两朝，广西地区既设有土司统辖的行政区，也设有流官（有限任期的流动官员）治理的行政区，实行土流并治。清朝推行大规模的改土归流。历代中央政府随着社会形势发展做出的政策调整，为实现对当地的有效管理、稳定边疆统治、维护国家统一发挥了积极作用。

金凤饰件

明代
长8～8.7cm
广西崇左宁明思明府黄承祖土司合葬墓出土

　　此饰件为凤凰造型，凤昂首展翅，尾上翘，采用錾（zàn）刻、捶揲（yè）、累丝、焊接、镶嵌等工艺精制而成，尾羽处原镶嵌宝石，现已缺失。
　　思明府（今宁明县）的黄氏是左江流域实力强大的家族，思明土司世系有37任。墓主黄承祖为第20任思明府土知府，任职40年。

金凤骄横肆意飞

"田州土知府印"铜印

清代
高10.7cm 印面边长7.9cm 厚1.6cm
广西百色田州镇凤马村征集
田阳县博物馆藏

  这枚铜印发现于百色市田州土司城遗址。印文为九叠篆阳文"田州土知府印",钮右竖刻"田州土知府印",钮左竖刻"周元年柒月日",上方横刻"礼曹造",左侧边刻"天字一千九百号"。使用者为岑汉隆。

  土知府是官名,是云南、广西等少数民族地区由部族首领世袭的土司文职长官,清代秩从四品。管所属之府事,受地方长官约束。

  九叠篆由小篆演变而来,特点是笔画反复折叠,线条均匀,排满空间。

四品知府九叠篆

安业养民

元明清时期，广西的农业和手工业经济获得全面开发。在此基础上，圩（xū）市贸易迅速发展，圩市数量增多，布局合理。贸易的兴盛，使广西的米、珍珠、盐等产品随着物流通道输往四面八方。市场需求进一步刺激百姓生产劳动的积极性，社会民生日趋向好。

小知识

采珠业

广西南部濒临北部湾，海岸线绵长。自古以来，合浦（后属廉州，今属北海）是著名的珍珠之乡，重要的珍珠采捞区。明代，中央政府在廉州府沿海设立杨梅、平江、青婴、白龙等珠池，所产珍珠除了进贡朝廷，还销往各地，广西"南珠"得以闻名世界。

手工业

明清时期，广西手工业最为发达的是陶瓷业和纺织业。重要的陶瓷窑址有藤县中和窑、合浦的上窑和下窑等。纺织业以壮锦生产为代表。壮锦花色丰富，多用于织成被面、台布及其他日用品和装饰品。这一时期的纺织品还有葛布、苎（zhù）麻布、络布、兼丝布等。明代中后期，在手工业较发达的玉林地区，出现了专以织布为生的散机户。

北海白龙城

桂筑华章

明清时期,广西传统建筑发展达到高峰,散落在广西各地的府第民宅、亭台楼阁、戏院祠堂、宗教建筑,技艺精湛、古朴典雅、意趣横生。

广西明清古建筑的建筑形式、营造法式、构造方式、建筑材料和工艺技术在形成较为统一风格的基础上,保留了地域风格和民族特色。

小知识:富川瑶族风雨桥群

富川瑶族风雨桥群位于贺州富川瑶族自治县,是瑶族居民的公共建筑,分布在富川各个村镇,修建年代为明清时期。现保存较为完好的有青龙桥、回澜桥、福寿桥、兴龙桥等27座。

风雨桥又称花桥、福桥,流行于南方部分地区,顾名思义,是行人躲避风雨的地方。风雨桥全用木料筑成,整体由桥、塔、亭组成,桥面铺板,形成长廊式走道,两旁设有长凳和栏杆,桥顶盖瓦。

文教兴盛

明清两朝,广西形成了比较完备的教育体系,不仅重建府学,扩充官学的规模,还在各地广泛建立书院、社学等民间读书讲学之所。广西培养和会聚了一批德才兼备的文人学者,涌现出名垂青史的政治家、教育家、文学家、军事家和艺术家。

儒风府学兴明清

汪份《重修桂林府学大成殿记》拓片

清代

长217cm　宽95cm

康熙五十三年(1714年),桂林府学大成殿颓坏,桂林地方官主持重修,时为广西考试官、翰林院编修的汪份记载了此事,称赞康熙朝教育之盛。

府学是地方最高的官学,由政府主办。元代重建桂林府学,恢复了学校教育。明清两代,学校教育进入昌盛时期,生员要经过考试入读,以四书五经为主要教材和教育内容,研习八股文章,考试分为月课和季考,学业要求严苛。府学结业后可参加科举考试,出仕从政。

结语

80万年时光匆匆,留下的是蕴含民族精神和文化的无价之宝。

先人的勇气、智慧、开拓进取精神以及包容开放、兼收并蓄的心态和文化理念,激励、鼓舞着一代又一代八桂儿女。当前,广西各族人民凝心聚力,正以时不我待的紧迫感,努力发挥优势,进一步释放"海"的潜力、激发"江"的活力、做足"边"的文章,为建设新时代中国特色社会主义壮美广西,实现中华民族伟大复兴的中国梦而不懈奋斗!

合浦启航
——广西汉代海上丝绸之路

广西北部湾地区处于信风带，有绵长的海岸线和常年不冻的良港，有南流江等河流联系内陆腹地，与沿海各地的海路交通顺畅，加之与东南亚、南亚国家固有的传统交往，为沟通中原和出海航行提供了便利条件。《汉书·地理志》记载的汉代海上丝绸之路，便是从北部湾地区出发的。汉武帝平定南越国、设郡县后，便遣使团从合浦等港口出发，经马来半岛，到达印度和斯里兰卡。这一记载，标志着基于官方保障的海上丝绸之

路正式开通，合浦也因此成为海上丝绸之路最早的始发港之一。以合浦港为重要节点，外联内通，汉王朝由此建立起与东南亚、南亚甚至更远的西亚、地中海地区经由海路的密切联系。

广西是汉王朝沿海开放的前沿，中外文明在此碰撞与交融，留下如明珠般的璀璨珍宝，向世人诉说着丝路启航、踏星而归的历史故事……

第一部分
跨洋过海：汉代海上丝绸之路贸易

　　海上丝绸之路正式开通后，汉王朝与东南亚、南亚地区的直接贸易，以及通过这些地区与西亚、地中海地区的间接贸易逐渐兴起。广西汉墓出土大量与海上丝绸之路相关的珍贵文物，包括作为贸易大额货币的金饼，作为奢侈品输入的玻璃器皿及各类珠饰，以实物形式呈现了当时海路贸易的盛况，印证了《汉书·地理志》中关于海上丝绸之路的历史记载。

　　"自日南障塞、徐闻、合浦船行可五月，有都元国；又船行可四月，有邑卢没国；又船行可二十余日，有谌（shèn）离国；步行可十余日，有夫甘都卢国。自夫甘都卢国船行可二月余，有黄支国，民俗略与珠崖相类。其州广大，户口多，多异物，自武帝以来皆献见。有译长，属黄门，与应募者俱入海市明珠、璧流离、奇石异物，赍黄金杂缯（zēng）而往。所至国皆禀食为耦，蛮夷贾船，转送致之。亦利交易，剽杀人。又苦逢风波溺死，不者数年来还。大珠至围二寸以下。平帝元始中，王莽辅政，欲耀威德，厚遗黄支王，令遣使献生犀牛。自黄支船行可八月，到皮宗；船行可八月，到日南、象林界云。黄支之南，有已程不国，汉之译使自此还矣。"

——《汉书·地理志》

扬帆远航 海路通

汉武帝平南越，设九郡，全面控制了北部湾及南海沿岸后，着手开通了从合浦郡等地出发，与域外往来的海洋通道。官方主导组织的汉使团，在装载好用于海外贸易的"黄金杂缯"和必备生活用器后，便从江海之交的合浦港扬帆出海，开始了他们的万里征程。

> **小知识：黄金杂缯**
>
> "黄金"应指汉墓出土的圆形金饼一类，每个金饼重250克左右，约当汉代的一斤。金饼便于叠摞和携带，是当时中外贸易普遍流通的大额货币；"杂缯"即各类丝织品，因属有机质，易朽，海路沿线国家鲜见踪迹。

奇珍异宝 踏海来

价高质优且便于运输携带的玻璃器皿及玻璃、红玉髓、玛瑙、琥珀、水晶、绿柱石、石榴石、绿松石、黄金等材质的珠饰，是当时中外海路贸易中最常见的商品，也是《汉书·地理志》中记载的"明珠、璧流离、奇石异物"之属。

角轮形玻璃环

汉代
长5.3cm　宽3.3cm
广西北海合浦文昌塔1号墓出土

冰环且喜生春芽

这件玻璃环饰为椭圆形，两侧各有三个凸起花芽，共六个，其中两个受损严重。质地透明，呈青绿色，开细冰裂纹，整体模压成型。此玻璃环与我国台湾和华南等地发现的"有角玦（jué）状石环"关系密切，最早可追溯至广东石峡文化，随后逐渐发展成为环南海的典型器型之一。经科学检测分析，它的材质是中等钙铝钾玻璃，可能产自今越南南部的沙莹文化区。

天青海碧印度来

淡青色弦纹玻璃杯

汉代

高5cm　口径7.3cm　底径4cm

广西北海合浦文昌塔70号墓出土

这件玻璃杯淡青色，半透明，敛口，弧腹，自腰下内收，小平底，腹部装饰三道弦纹。经科学检测分析，这件玻璃杯属于中等钙铝亚类钾玻璃，应是通过海上贸易从印度传入。

棱柱形水晶串珠

西汉

长7.3cm　宽3cm

广西北海合浦望牛岭1号墓出土

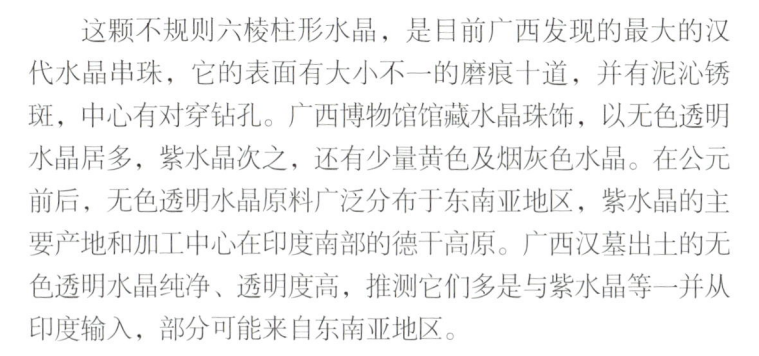

海上有路水晶来

　　这颗不规则六棱柱形水晶，是目前广西发现的最大的汉代水晶串珠，它的表面有大小不一的磨痕十道，并有泥沁锈斑，中心有对穿钻孔。广西博物馆馆藏水晶珠饰，以无色透明水晶居多，紫水晶次之，还有少量黄色及烟灰色水晶。在公元前后，无色透明水晶原料广泛分布于东南亚地区，紫水晶的主要产地和加工中心在印度南部的德干高原。广西汉墓出土的无色透明水晶纯净、透明度高，推测它们多是与紫水晶等一并从印度输入，部分可能来自东南亚地区。

绿柱石串珠

西汉

长1.6～3cm

广西北海合浦望牛岭1号墓出土

　　该绿柱石串珠共6颗，其中，扁六棱系领形1颗，长2.6厘米；六棱柱形2颗，长2.3～3厘米；扁四棱柱形1颗，长1.6厘米；不规则四棱柱形1颗，长1.7厘米；不规则六棱柱形1颗，长1.7厘米。

　　在古印度佛陀时期，绿柱石是一种流行的奢侈宝石。这种宝石在古罗马时期的需求量很大，罗马作家普林尼在《自然史》中记述，最好的绿柱石绝大多数来自印度。此外，斯里兰卡绿柱石资源丰富，也是传统的宝石加工区。广西出土的绿柱石串饰来自印度和斯里兰卡一带。

琥珀串珠

西汉

最大径1.3cm

广西北海合浦望牛岭1号墓出土

    这串琥珀珠有五颗，分别呈半球形（印章形）、胜形、壶形和蛙形。

    琥珀是千万年前松柏科等植物的树脂滴落被掩埋后，经地质作用而形成的有机混合物，有的内部还包有蜜蜂等小昆虫，汉称"虎魄"。

    出自广西汉墓的琥珀，出土时多呈半透明的暗红色，出土后因氧化颜色变黑，质地致密，内少丝状碎裂纹，与缅甸出产琥珀最为接近，推测是从缅甸沿海路输入。

珠光星光映归航

石榴石、玛瑙、紫水晶串珠

东汉

最长2.6cm

广西梧州低山2号墓出土

    该串珠由石榴石珠、紫水晶珠和玛瑙珠组成。其中石榴石珠20颗，径0.4～0.7厘米；紫水晶珠10颗，径0.6～1.2厘米；玛瑙珠7颗，最长2.6厘米。

    石榴石因其晶体具有石榴籽的形状和颜色而得名，珠宝界又称之为"紫牙乌"。广西博物馆馆藏石榴石珠均呈紫红色。石榴石在大自然中分布广泛。在汉代及更早时期，印度、斯里兰卡是石榴石加工的重要地区。广西出土的石榴石珠饰是输入的典型器物。

玛瑙、红玉髓、蚀刻石髓串珠

东汉
最长2.2cm
广西贵港中学高中部12号墓出土

  红玉髓和玛瑙均属玉髓类矿物，蚀刻石髓珠则是蚀刻玛瑙珠和蚀刻玉髓珠的统称。广西博物馆馆藏的这三类珠饰，数量达1020颗，又以红玉髓、玛瑙数量为多。馆藏蚀刻石髓珠共九颗，为黑色基体或红色基体装饰白色条纹，有足球形、圆柱形和榄形。

  公元前四世纪至公元一世纪，印度是蚀刻石髓珠的制造中心。随着印度工匠的迁移，蚀刻石髓珠的制作技术可能随玻璃技术一起传播到东南亚。玉髓类珠饰从南亚输入，是南亚和东南亚铁器时代（公元前500—公元500年）交流的代表性器物。

汉通南亚连珠路

合浦启航

海上金珠乘长风

十二面金珠

东汉

直径1.7cm　重10.3g

广西北海合浦九只岭6a号墓出土

　　此十二面金珠为堆珠型。其制法是先用圆形小金条焊接成十二个小圈，然后在小圈交会的三角地带用高温吹凝的圆形小珠加以固定。其焊接工艺的起源地可能是古希腊，流传的线路是地中海—波斯湾—印度洋—南海。但从外形看，合浦出土的十二面金珠与印度、东南亚出土的更为接近。

　　广西博物馆所藏十二面金珠分点珠型和堆珠型两种，出现年代最早为西汉晚期。其中，点珠型是在各圆环交接处焊接一颗金珠，堆珠型是在各圆环交接处焊接两层金珠，上层一颗，下层三颗。

第二部分
兼容并蓄：科技传播与文化交流

汉代海上丝绸之路不仅是商品贸易之路，也是技术传播及文化交流之路。玻璃制作和冶铁技术，以及佛教文化等通过海上丝绸之路传播进来，一些域外文化融入我国本土文化。中外科技文化、宗教信仰、生活方式及审美情趣等多层次的交流，揭示了文明通过海洋交流促进社会变迁和区域发展的历史过程。

互学互鉴 传技艺

海上丝绸之路的开辟，不仅为我国带来了域外的奇珍异宝，也促进了玻璃制作技术、冶铁技术的传播，以及珠饰加工等手工业的发展，推动了广西社会经济贸易的发展和繁荣。

边陲透碧赛中原

蓝色玻璃杯
西汉
口径6.1～6.2cm　底径3.9cm　高4cm
广西贵港深钉岭12号墓出土

蓝色玻璃杯，敞口，上腹微收，器身较直，经检测为低钙高铝钾玻璃。

合浦启航

玻璃作为汉代海外贸易的重要商品，在我国华南及东南亚、南亚国家均有大量出土，部分遗址还发现了生产加工的证据。汉代广西地处边陲，玻璃容器的制作水平却高于中原，这种现象与海上丝绸之路的开辟密切相关。

龟钮之印贵者佩

"庸毋"龟钮琥珀印

西汉
高1.5cm　印面长1.5cm　宽1.3cm
广西北海合浦望牛岭1号墓出土

这件龟钮琥珀印，印身穿孔，印面刻篆书"庸毋印"三字。按照汉代的官印形制，"龟钮之玺（xǐ），贵者以为佩"，龟钮官印的使用者为高级官吏。广西汉墓出土的琥珀印章有方印和半球印两种，方印又有龟钮、蛇钮之分。其中刻有汉字的琥珀印章，应是采用进口原材料在本地加工制成。

庸毋是墓主人的姓名，其人为合浦豪族庸氏家族成员，生前可能曾任九真郡太守，死后归葬合浦家族墓。

南国玻璃入汉疆

蓝绿色玻璃串珠

东汉

径0.4～0.6cm

广西贵港南斗村1号墓出土

　　这串蓝绿色玻璃串珠共722颗，有湖蓝色、绿色两种，均为半透明，呈圆形、扁圆形或长圆形。

小知识：钾玻璃

　　广西汉墓出土的玻璃器分属多个体系，其中钾玻璃体系的玻璃器物数量最多。钾玻璃是南亚、东南亚及我国华南和西南等地所特有的一种古代玻璃体系，可划分为低铝高钙、低钙高铝和中等钙铝三个亚类。低铝高钙钾玻璃占比较大，可能是合浦至越南北部的交趾区域吸收外来玻璃制作技术后，在本地自制的。这些本地制作的玻璃器物，是汉王朝与海路沿线国家交往和相互传播技术的重要见证。

红玉髓耳珰（dāng）

东汉
长2.2cm　大端径1cm　小端径0.9cm
广西北海合浦九只岭6a号墓出土

　　耳珰就是耳饰，是具有典型中国传统风格的一类器物，最早出现于原始社会，材质多为玉石、玻璃等。

　　广西汉墓出土的玉髓耳珰均为腰鼓形，束腰，两端一大一小。和它们样式十分接近的耳珰，在东南亚和南亚的铁器时代遗址也有发现，而且在泰国和印度还发现了它们的半成品，这表明它们应该是在当地制作的，更有可能是按照中国客户的设计定制的。此外，广西汉墓还出土了蓝色调的玻璃耳珰，以及一些琥珀耳珰、玛瑙耳珰和黄金耳珰。

　　据考证，汉代耳珰的佩戴方式有四种：直接穿入耳垂上的耳洞进行佩戴；系于簪（zān）首，为簪珥（ěr）的垂饰；以丝线系挂于耳廓之上；以丝线系挂于耳垂上的耳洞中。

1.直接穿入耳垂上的耳洞进行佩戴

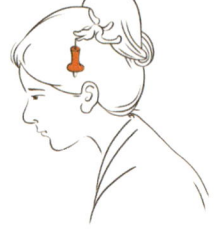

2.系于簪首，为簪珥的垂饰

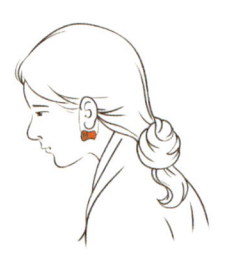

3.以丝线系挂于耳廓之上

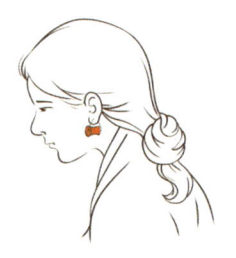

4.以丝线系挂于耳垂上的耳洞中

红颜云鬓细腰坠

多元文化 相交融

与佛教相关的钵（bō）生莲花器、动物造型的辟邪珠、胡人形象及与域外密切关联的羽人形象等，直观展示了中外文化艺术的交流与融合。

层峦叠嶂 香雾生

铜博山炉

西汉
高24.5～25cm　口径11.2～12cm
广西北海合浦望牛岭1号墓出土

　　熏炉是古时用来燃放香料的容器。博山炉的得名源于其外形。炉体上有盖，盖高而尖，镂空，呈山形，山形重叠，于炉中焚香，轻烟飘出，缭绕炉体，形成群山朦胧的效果，仿佛传说中的海上仙山"博山"。西汉时，封建帝王为了求得长生不老之术，大都信奉方士神仙之说，博山炉就是在这种风气影响下产生的，并在汉代广为流行。

　　汉代苏门答腊、马来半岛、婆罗洲等地盛产的龙脑香，已辗转输入中国。随着海上贸易的开展，进口的树脂类香料逐渐取代本土的茅草类香料，熏炉的形制也随之发生变化。炉身加深且封闭、炉盖加高的博山炉，更适合这类香料的熏烧。

王母之「胜」长生饰

朝鲜平壤出土铜盘上的
西王母头戴胜形象

山东沂南画像石上的
西王母头戴胜形象

胜形玻璃饰

东汉

长1.3cm　宽1.2cm　厚0.6cm

广西北海合浦九只岭6a号墓出土

　　胜形饰是汉晋时流行的具有祥瑞寓意的配饰，其原型为中国神话传说中西王母佩戴的饰物——"胜"。《山海经》曰："西王母其状如人，豹尾虎齿而善啸，蓬发戴胜。"这是对西王母戴胜的最早记载。古代社会对西王母的崇拜赋予了"胜"长生不老、辟邪等祥瑞之意。

　　广西汉墓出土的胜形饰不仅有玻璃质，还有琥珀、黄金和玉等质地。

　　此玻璃饰为透明的淡蓝色，器呈胜形，腹中间有一对穿孔。经检测为低钙高铝钾玻璃，可能为定制或输入玻璃原料在我国本地加工的产品，是我国与海外其他地区之间商贸、技术和文化双向交流的物证。

狮形玛瑙饰

东汉

长4.3cm 高2.1cm

广西贵港新村22号墓出土

玛瑙绿珠俏玲珑

　　狮子是佛教文化中的吉祥物,狮形珠饰在印度和东南亚国家有较多发现,广西出土的狮形珠饰,质地有石榴石、红玉髓、玛瑙和琥珀等。这件狮形饰为玛瑙质地,造型圆润丰满,狮子呈伏卧状,头部伸出向前,前后脚皆收于腹下,呈现出憨态可掬的模样。饰件无穿孔,可能为摆件。

鸳鸯绿松石串珠

东汉

长1.1cm 宽0.9cm 高0.9cm

广西贵港南斗村汉墓出土

　　这是一件象生器,雕刻手法写实,一对鸳鸯并列屈腿而卧,两喙(huì)相对,形态生动,腹部有横向穿孔。广西出土的汉代绿松石珠饰以动物象生器为主,有绵羊形、鸽子形和鸳鸯形,均质地纯净,打磨光滑,造型生动。类似质地的绿松石,产地以葱岭西的乌兹别克斯坦撒马尔罕附近、阿富汗和伊朗东北部为主。结合出土墓葬及其伴出器物,广西汉墓出土的绿松石珠饰,从波斯经由海路输入的可能性很大。

合浦启航

开放包容莲花生

陶钵（bō）生莲花器

东汉
高65.6cm
广西北海合浦风门岭1号墓出土

  这件陶钵生莲花器，分为底座、柱体、钵和莲四部分：底座表面呈方形，整体上宽下窄；柱体是方柱，较高，上有方卯（mǎo）；钵敞口折沿，圆形浅腹，中开方孔；莲上部尖，中间大，底部的方形榫（sǔn）头通过钵中方孔，套入柱体上端的卯口。

  这类陶钵生莲花器目前仅发现于合浦一带的东汉晚期至三国墓中，反映出在东汉末期至三国时期，佛教已在合浦地区特别是在中上阶层扎根，并逐渐流行，人们"一心向佛"，且将相关器物作为随葬品留存了下来，这是早期佛教思想由海路传入中国的物化证据。

羽人擎灯异域风

羽人座铜灯

东汉
高35.4cm
广西北海合浦九只岭6a号墓出土

  这件铜灯由灯盘、灯柱和灯座组成，灯盘与灯柱以榫卯连接。灯盘浅圆形，口沿附柳叶形把，直壁、平底，底有三直足，外底中间有一套管。灯柱先铸后再与底座合铸，灯柱下部为一高鼻羽人，上部饰一龙首，口衔小圆柱形榫以便插入灯盘下的套管。底座饰三瑞兽，圈足外撇。

  羽人是汉代艺术中常见的形象。这件铜灯上的羽人形象，双手似持有乐器，双翼紧贴后背，与我国其他地区发现的飘出类型不同，且双耳低于头顶，显示出与域外的密切关联。

胡俑惊坐照丝路

胡人俑座陶灯

东汉
高30cm　灯盘口径10.5cm
广西贵港中学高中部14号墓出土

　　这件俑座灯为红陶质，灯座塑成一个双脚并拢屈膝而坐的裸体人物。人物双手抚膝，头顶圆形灯盘，瞪大的眼睛和微伸的舌头，呈现出一副吃惊的表情。此件俑座陶灯的胡人特征鲜明，是汉代海上丝绸之路繁荣的佐证之一。

第三部分
江海相连：海上丝绸之路的辐射与延伸

合浦港的兴起，很大程度上得益于其水陆交通便利的广大腹地。汉代海上丝绸之路开通后，广西与内陆及沿海地区的往来更为密切。归航的汉王朝使团，从广西北部湾地区登陆，水陆兼程，进而抵达京畿（jī）地区。海上丝绸之路与陆上丝绸之路共同构筑起汉王朝一南一北、一海一陆的对外交往格局。

进入八桂腹地

汉代广西境内已逐渐形成便利的交通路网，交通运输水陆并举。当时的郁林郡、苍梧郡与合浦郡相邻，郡治布山、广信分别位于今西江沿岸的贵港市和梧州市，水路交通发达，是合浦港向内陆推进的要冲。继续往北，有湘桂走廊和潇贺古道等成熟的陆路交通。人们出行、运货所用的交通工具，既有用于水路的船只，也有用于陆路的马车、牛车或是直接骑乘的马匹。

牛车古朴载清名

券（xuàn）篷双轮陶牛车

东汉
车高11.5cm　长16cm　牛高9.4cm　长17.3cm
广西梧州云盖山12号墓出土

　　此牛车是硬陶质，呈红褐色，车厢长方形，券篷车盖，厢前坐一个人，作驾车状。车底有两轮，车前有一头牛拉车。此陶牛车模型较为简陋，应是贩运货物的"货车"。秦汉之际，牛车已是物资运输的主力。牛对饲料的要求较低，行速虽慢，但力强耐久，因而逐渐成为应用最为普遍的运输动力，其在经济生活、文化生活中的地位也逐渐提高。

通达大江南北

汉代海上丝绸之路经由广西不断延伸,使得广西与内陆及周边地区的交往愈加密切。各地汉墓出土的钾玻璃、水晶、玛瑙等各类宝石珠饰与广西汉墓出土的楚、汉、滇、越等各种文化因素的器物,是海上丝绸之路通过广西往内陆延伸的体现,也是汉代广西与中原及周边地区经济文化交流的重要物证。

丝路绵延绿波莹

玻璃璧

西汉
内径3.2cm 外径12.9cm 厚0.44cm
广西北海合浦望牛岭2号墓出土

此玻璃璧绿色偏蓝,半透明,一面饰蒲纹,一面平素光滑。经过科学检测分析,该玻璃璧为铅钡玻璃。铅钡玻璃为我国自创,在战国早、中期就已经出现,战国晚期到汉代广泛分布于我国长江和黄河流域的部分地区。此玻璃璧应是来自中原或楚地。

合浦启航 137

凤
立
峰
峦
飞
欲
鸣

带盖铺（pū）首衔环铜樽（zūn）

西汉
高27.2cm　口径17.2cm　底径18cm
广西贵港深钉岭1号墓出土

　　铜樽由盖和身两部分组成。樽盖为博山炉形，盖顶为凤鸟形钮，凤鸟作展翅状，雕刻精细，栩栩如生。樽身呈圆筒形，两侧有兽面铺首衔环，表面刻菱形纹、三角纹、羽毛纹等，腹腰处饰凸弦纹一道，底部是三个蹲兽状足。西南地区汉墓中也发现了不少与广西汉墓所见相同的錾（zàn）刻青铜器和域外珠饰，它们应是经由牂柯（zāng kē）江水道或蜀交趾道传播的。

匏瓜小口藏酒香

弦纹双系陶匏（páo）壶

西汉
高28.1cm　口径3cm　底径12cm
广西北海合浦堂排2号墓出土

　　匏是葫芦的一种，果实成熟后对半剖开，可做瓢。匏壶因器型像一个截去顶端的葫芦而得名，用于盛水或酒，做成小口，以防止液体溢出。

　　这件匏壶小口，圆腹，喇叭状高圈足，肩部有对称的双耳，足部有对称穿孔，肩部、腹部饰凹弦纹，通体施釉，是典型的越文化陶器。

结语

　　汉代以后，随着造船与航海技术的不断发展，离岸跨海的远洋航线最终得以开辟，华南和东南沿海对外贸易港口不断涌现。东吴开始，广州成为交通"海上诸番"的主港，宋末至元，泉州又超越广州，成为与埃及亚历山大港齐名的"东方第一大港"，航线不断往东延伸和发展，其兴盛繁荣的历史基础，正是从北部湾沿岸的合浦等古港出发的汉代海上丝绸之路。

　　以史为鉴，方知兴替。汉代海上丝绸之路不仅是贸易之路，也是文化交流之路，更是一条友谊之路、和平之路。如今，随着国家"一带一路"建设的强力推进，广西肩负"三大定位"新使命，即构建面向东盟的国际大通道，打造西南中南地区开放发展新的战略支点，形成21世纪海上丝绸之路和丝绸之路经济带有机衔接的重要门户，在国家对外开放大格局中的地位更加凸显；海上丝绸之路申报世界文化遗产的工作也在全力推进，世人的目光再次聚焦北部湾。让我们一起扬起风帆，奋力启航，让我们不忘初心，再铸辉煌！

釉彩斑斓
—— 馆藏瓷器陈列

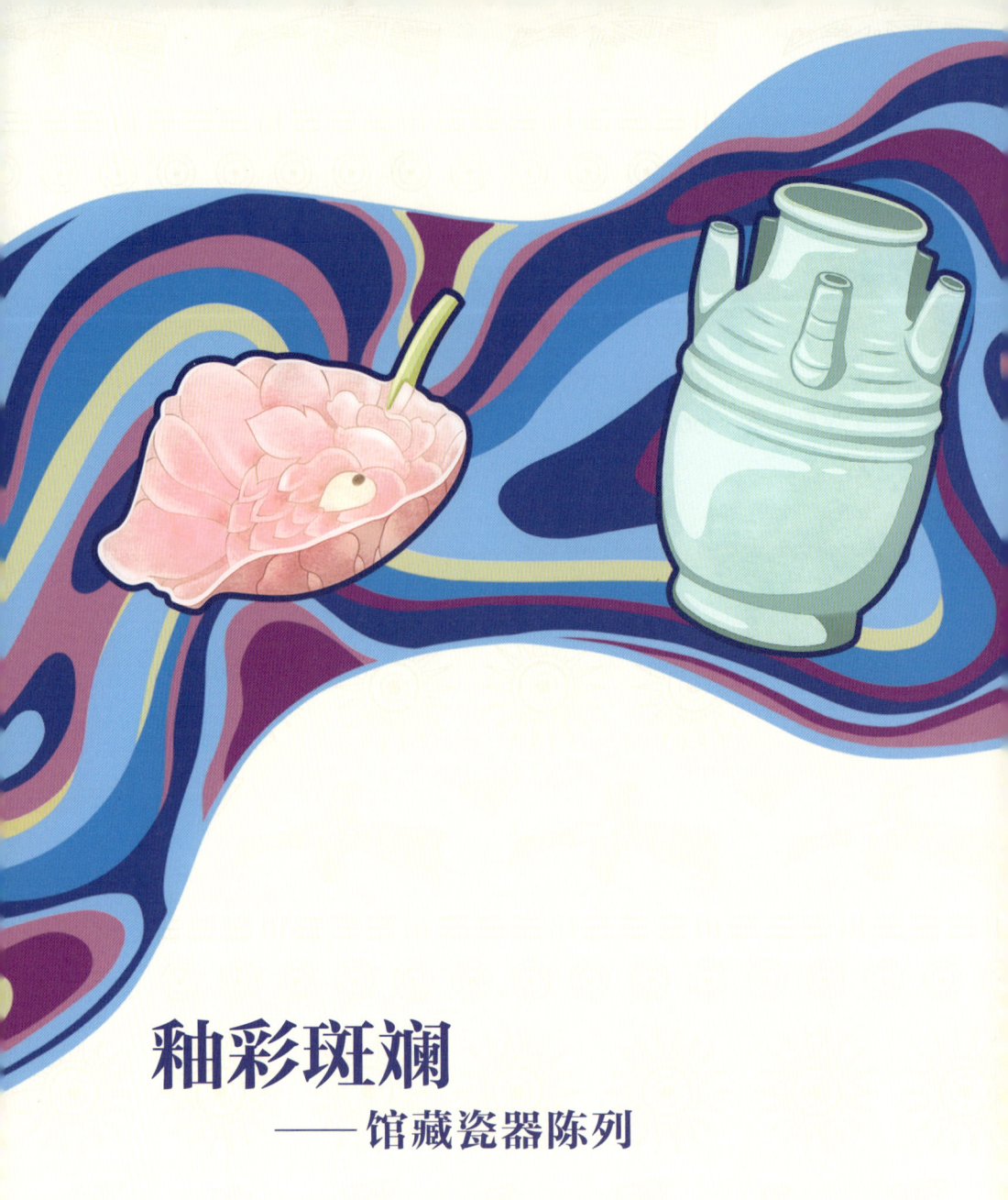

　　三千年来，中国古代瓷器的发展从未间断，并在行进之路上不断求索创新、兼容并包。从素雅至纯的青釉到华绮瑰艳的彩绘，自然与人文在斑斓中交汇，造就了千光万象的釉彩之美。古人制器尚象，以物载道，瓷器的施釉绘彩是想象力的跃动，是创造力的焕发，无时无刻不展现出旺盛

的生命力，抽象玄妙或具象直白，自由超逸或规行矩步，所蕴含的文化容量已然蔚为大观。最终，瓷器代表中国，成为世界舞台中璀璨耀眼的艺术标志与形意兼美的文化符号，一路独领风潮，在世界文明史谱写卓绝的传奇。

第一部分
釉化千光

中国古代瓷器的颜色釉技术，是在釉料中加入铁、铜、钴（gǔ）、锰等天然矿物中的金属元素作为着色剂，经过烧制，使瓷器表面呈现出不同色泽的玻璃质釉层，其中包括单色釉、花釉、结晶釉等。根据烧成温度大致可分为高温釉、低温釉两大类。

世界上最早的颜色釉瓷是夏商之际出现的原始青瓷，直至南北朝时期，中国的瓷器生产一直处于青釉时代。北朝晚期白瓷的出现开启了唐代"南青北白"的瓷业格局。宋代颜色釉瓷以蓬勃之态开创了陶瓷美学的新境界。明清时期颜色釉瓷的发展更是达到了鼎盛，缤纷釉色，让人目不暇接，或浅淡纯素，或深浓绚丽，幻化千般光华，尽显瓷釉大美。

高温釉

高温釉的烧成温度一般需达到1250℃以上。青釉、黑釉、白釉、青白釉、铜红釉、蓝釉等都属此类。青釉如冰似玉，揽翠微雾景；黑釉玄采乌亮，映暮夜深空；白釉素洁纯净，类银雪无瑕；青白釉光致茂美，融青白一体；铜红釉华耀夺目，极鲜妍之盛；蓝釉幽邃隽雅，寄旷远天穹；亦有紫金釉蕴藉淳厚，窑变釉绮丽多姿，茶叶末釉古色清穆，美不胜收。

粉青满身谷满仓

龙泉窑粉青釉五管瓶

宋代
高20.5cm　口径7.5cm　底径9.3cm
1959年北京征集

　　粉青釉是青釉的派生釉之一，釉料中铁含量较低。
　　五管瓶，又称多管瓶，是流行于宋代的一种瓶式。龙泉地区自北宋以来的墓葬中常出土多管造型的器皿，推测为当地盛行的类似谷仓明器的随葬器物。
　　此瓶浅盘口，高颈，颈至肩部置数周凸弦纹，肩部耸起五个筒形短管，长腹微鼓，圈足。胎质坚硬，胎体厚重，满施粉青釉。器口呈褐色，底露灰色胎。

龙泉窑青釉折枝荔枝纹菱口盘

元代
高8cm　口径56cm　足径35cm
1959年北京征集

此盘为菱口，折沿，瓜棱腹，圈足。底部无釉一周，呈火石红色。胎体厚重致密。满施青釉，釉面莹亮，暗刻纹饰，折沿面为蔓草纹，壁内外刻折枝花卉纹，盘心饰折枝荔枝纹。此类大盘常用于置放香橼（yuán），以令满室清芬。

满室清芬香犹闻

小知识：龙泉窑

　　龙泉窑位于今浙江省龙泉市，是古代重要的青瓷窑。其创烧于晚唐，至南宋时期，由于采用厚釉技术，烧成的粉青釉、梅子青釉，色如美玉，达到了青釉艺术的高峰。元至明初，龙泉窑烧造的器物大而不变形，反映了技术的纯熟。这些产品不仅用以贡御帝京、赏赐臣属，还大量用于海外贸易。今日，伊朗国家博物馆和土耳其伊斯坦布尔的托普卡帕宫中所藏的大量传世龙泉青瓷，就是龙泉窑外销史的印证。

袭古创新仿名窑

仿汝釉六弦纹尊

清雍正
高59cm　口径19cm　底径22cm
1961年上海征集

　　此尊撇口，长颈，圆腹，束胫，圈足。胎体致密厚重，足露紫褐色砂胎，通体施仿汝釉，釉面开细小片纹，器身凸起六弦纹。底落青花篆书"大清雍正年制"三竖行款。

> **小知识：仿汝釉**
> 　　仿汝釉是明清时期仿烧宋代汝窑青瓷的釉色。汝窑是宋代五大名窑之首，以烧制青瓷而闻名，瓷器釉面多有细碎开片，釉色素雅。明清两代，受"尚古""崇古"观念的影响，在皇帝的授意下，景德镇御窑厂大量仿制汝、官、哥等宋代名窑瓷器，尤其是雍乾时期，仿古水平极高。这些仿宋窑器种类繁多、数量可观，在釉色与造型上既袭古又创新，成为明清瓷器中的重要一类。

釉彩斑斓

宝瓶清亮似玉光

东青釉缠枝莲纹螭（chī）耳瓶

清乾隆

高67cm　口径30.5cm　底径25.7cm

1959年北京征集

　　此瓶撇口，长颈，两侧粘塑螭耳，丰肩，圆鼓腹，胫外张，砂底，圈足。胎致密厚重，施东青釉。刻划花装饰，颈部饰蕉叶纹，颈根为乳钉纹，肩部饰回纹，腹部为缠枝莲纹，下腹为海水纹，胫部为回纹和曲折纹。

> **小知识：东青釉**
>
> 　　东青釉又称冬青、冻青，青釉派生釉色之一。据传为北宋开封东窑创烧，故称为东青釉。东青釉色泽青中闪绿，澄莹清亮，为清代青釉之大宗。雍正时期，景德镇御窑对釉料中铁含量及烧成条件的控制已得心应手，所烧制的东青釉，呈色稳定，颇具玉质感。

146　广西壮族自治区博物馆

"敬畏堂制"款粉青釉暗刻双龙戏珠纹盘

清乾隆
高3.6cm　口径16.5cm　足径9.9cm
1964年广西南宁征集

　　此盘撇口，浅弧腹，圈足。胎细白致密，施粉青釉，酱釉口。盘心暗刻双圈开光双龙戏珠纹，外壁亦为双龙戏珠纹，龙纹气势威严，有肃穆之感。底落青花双方框楷书"敬畏堂制"双竖行款。

　　"敬畏堂制"是雍乾时期的堂名款。"敬畏"是宋代理学术语，含敬畏天理之意。因雍、乾二帝好理学，亲贵诸王亦尚之，成为一时风气。

敬畏堂瓷敬显贵

小知识：堂名款

　　堂名款也称室名款、斋名款、斋堂款等，是瓷器款识的一种，是将私人住宅或书房名称刻、印、书写在定烧瓷器上作为私家用瓷或藏瓷的标志。堂名款在宋代已出现，明清时期盛行，多为帝王宗亲、达官显贵、文人雅士或名工巧匠所定烧。

釉彩斑斓　147

黑盏白茶色分明

建窑兔毫盏

宋代

高5.9cm 口径12cm 底径3.7cm

1959年北京征集

盏是一种浅底的杯子，可以用来饮酒喝茶。此盏束口、斜壁、圈足。胎体坚硬，呈黑褐色，施釉不及底，近足处有垂釉。内壁为棕色兔毫纹，丝缕分明，如若垂流直下，亦似散射而出。

建窑位于今福建省建阳区水吉镇。宋代盛行斗茶，以茶汤上浮起的白沫多且久者为胜，故以黑盏盛茶最宜观色，建窑黑釉盏因此大为盛行。

建盏以黑为主色调，并不局限于纯黑，多有兔毫、油滴、玳瑁（dài mào）等品种变化。其中，以兔毫盏最为出名，宋人蔡襄《茶录》有载："茶色白，宜黑盏，建安所造者绀（gàn）黑，纹如兔毫。"

兔毫盏胎中含铁量多，铁质在高温下的釉层中流成条纹状，冷却后析出赤铁矿小晶体，便形成了"兔毫"，这一变化使得黑釉之色更为生动。

德化窑白釉观音坐像

明代
高31.7cm　底座长13.3cm　宽10.6cm
1960年上海征集

　　此坐像胎厚中空，观音面形饱满丰润，发髻高束，上有如意形头簪。身着长衫，胸戴璎珞（yīng luò）珠佩。双手交叠放于右膝上，右腿曲起，左腿盘坐于岩石台，一足半露，一足隐于衣下，衣褶垂拂流转自然，飘逸而富有动感。

釉中美玉中国白

> **小知识：德化窑**
>
> 　　德化窑位于今福建省德化县，创烧于北宋年间，青白瓷兼烧，明清时期主烧白瓷。德化窑白瓷胎质细密，烧成后釉质光润，釉色白如凝脂，又有"猪油白""象牙白"之称，是名副其实的"釉中美玉"。德化窑白瓷以瓷塑最负盛名，各式塑像不作彩饰，追求单纯的质地美与形态美，风格独特，在明清两代一度畅销海内外，还有"鹅绒白""中国白"的赞誉。
>
> 　　17到18世纪，为了满足市场需求，欧洲在德化窑定制了大量白瓷，这些白瓷在欧洲大受追捧，宫廷贵族争相收藏，许多西欧国家还纷纷仿烧。德化窑白瓷的外销深刻地影响了这一时期欧洲的瓷业格局与发展进程。

釉彩斑斓

红釉绿苔锦上花

豇（jiāng）豆红釉暗刻团螭（chī）纹太白尊

清康熙
高8.5cm　口径3.5cm　底径12.5cm
广西壮族自治区博物馆旧藏

此尊小口微侈，短束颈，溜肩，腹部呈半球形，浅圈足。器内和外底施白釉，器表施豇豆红釉。腹部暗刻三组团螭纹。底落青花楷书"大清康熙年制"三竖行款。

豇豆红是清康熙时期仿明代宣德红釉创烧的高温铜红釉，因色调如红豇豆般柔和悦目而得名，其中上乘者称"大红袍"或"正红"，多为宫廷御用的珍品。豇豆红釉面中往往散缀有烧制时因氧化作用形成的天然绿色苔点。

> **小知识：太白尊**
> 太白尊亦称太白坛，因仿自诗仙李太白的酒坛，故名，另有称"渔父尊""鸡罩尊"，为康熙时期官窑典型器之一。太白尊、蟠（pán）螭瓶、柳叶瓶、莱菔（lái fú）瓶、菊瓣瓶、镗锣（tāng luó）洗、印泥盒、苹果尊是康熙豇豆红釉常见的八种器型，这些器物玲珑小巧，为文房之器。

霁红釉高足碗

清雍正
高11.6cm　口径18.7cm　底径7.7cm
1961年上海征集

　　此碗敞口，弧腹，竹节式高圈足。碗内施白釉，器表施霁红釉。底落青花篆书"大清雍正年制"三竖行款。
　　高足碗也叫靶碗，其出现与元代游牧民族特有的饮食方式有关。明清两代，高足碗在宫廷中大量使用，可做茶器、酒器及祭祀用具等。高足碗在蒙藏地区也十分流行，是僧侣日常饮茶及佛事活动的重要用器，明清官窑多烧制以赏赐蒙藏王公贵族。

靶碗御赐王公用

釉彩斑斓

月华如水赤壁游

洒蓝釉描金山水人物图笔筒

清康熙

高15.8cm　口径18.2cm　底径18.1cm

1961年北京征集

此笔筒呈圆筒形，玉璧形底，有涩圈。器内施白釉，器外施洒蓝釉。口边和胫边绘金彩缠枝荷叶纹。腹部一面作金彩开光赤壁夜游图，洒蓝斑驳，恍若置身溶溶月夜，熠熠金彩，亦如月华流光，苏轼夜游赤壁之景跃然其上；腹部另一面饰金彩开光山水图。

北宋时期，苏轼被贬黄州，他数游赤壁，融情入景，咏史抒怀，所作《赤壁赋》两篇与《念奴娇·赤壁怀古》词一首，成为传唱千古的名篇。此后，苏轼游赤壁的典故常出现于后世的书画和工艺品。

小知识：洒蓝釉

洒蓝釉是创烧于明宣德时期的高温钴（gǔ）蓝釉，清康熙时烧制成熟并流行。施釉时一般采用吹釉法，用竹管蘸取蓝釉汁水，吹于已经烧制好的白釉器面之上，釉面这时就形成了厚薄不均、深浅不同的斑点。因其釉面犹如洒落了水滴，故名洒蓝，亦称雪花蓝、盖雪蓝、青金蓝、鱼子蓝等。

霁蓝釉描金桃树纹天球瓶

清乾隆
高62.8cm　口径12cm　底径20.5cm
1959年上海征集

　　此瓶长颈，球腹，圈足，器型硕美。器内和底部施松石绿釉，器外施霁蓝釉。口沿漆金彩，器身以金彩绘折枝桃纹，枝干蜿蜒，桃实饱满。底落矾（fán）红篆书"大清乾隆年制"三竖行款。

　　天球瓶器型深受西亚地区玻璃器的影响，因圆腹似球而得名，创烧于明永乐时期景德镇窑，属陈设用瓷。桃树题材的天球瓶在雍乾两朝十分流行，常有八桃、九桃等，取福寿之意。

霁蓝金彩耀天球

> **小知识：霁蓝釉**
>
> 　　霁蓝釉是以氧化钴为着色剂的高温颜色釉，又名祭蓝、积蓝等，创烧于元代景德镇窑。明清两代一直都有霁蓝釉瓷器生产，以明宣德制品最为名贵，被誉为"宝石蓝"，并与霁红、甜白同被列为上品。霁蓝釉瓷除素地外，还多以金彩等装饰。

釉彩斑斓

紫金釉三联葫芦瓶

清嘉庆
高32.5cm 口径2.8cm 底径10.8cm
1961年上海征集

此葫芦瓶直口，短颈，器身呈连体葫芦形，如意形足。施紫金釉，色泽莹亮，金属质感颇强。底落阴文篆书"大清嘉庆年制"三竖行款。整器造型化裁于传统葫芦瓶而不失新意，此类三联葫芦瓶多作花器之用。

葫芦谐音"福禄"，又因其藤蔓绵延，果实累累，被视作多子多福的象征。

小知识：紫金釉

紫金釉又称酱釉、柿釉，是以氧化铁为着色剂的高温色釉。宋代烧制紫金釉最著名的当数定窑，所制紫金釉被称为"紫定"。明宣德时期的紫金釉光洁莹润，并有橘皮纹，具宋代紫定的效果。清代紫金釉各朝均有烧造，色泽绚丽，闪烁着金属般的光泽，常用以仿古。

紫金三联开福禄

五色变幻任流淌

窑变釉螭（chī）龙纹鱼篓尊

清雍正
高17.5cm　口径8.2cm　底径14.2cm
1961年北京征集

此尊仿竹篾（miè）鱼篓造型，撇口，直颈，溜肩，弧腹，浅圈足。施窑变釉，色调以紫红为主，间以天蓝，诸色融流浸染，奇绝诡幻。颈至腹部贴塑一匍匐螭龙，曲姿灵巧，逸趣横生。底施芝麻酱釉，阴刻篆书"雍正年制"双竖行款。

> **小知识：窑变釉**
>
> 　　窑变釉，釉料中多种呈色元素在高温下经氧化或还原作用，产生变幻莫测的釉色。窑变早在唐以前的青瓷上便偶有出现，最初被视为不祥，直至钧瓷窑变开启了颜色釉艺术的新境界。清代景德镇官窑基本掌握了窑变规律，窑变釉成为一种可以专门生产的色釉，其工艺是将多种色釉施于一器或多次施釉。高温下不同色釉自然流淌交融，形成变化抽象的纹理。

釉彩斑斓

低温釉

低温釉的烧成温度通常在700℃～1250℃之间，一般需在涩胎或素白瓷上施釉后再入炉二次烧成，呈色稳定，常见的主要有红釉、黄釉、绿釉、紫釉、炉钧釉等。黄釉富丽庄肃，明清皇室以此象征帝王之尊、皇权威严，而珊瑚红釉娇艳明润，绿釉葱翠凝碧，紫釉端雅沉静，炉钧釉变幻绚美，亦是赏心悦目。

"燕喜同和"款珊瑚红釉描金"囍"字纹碗

清同治
高8cm　口径12.8cm　底径6.5cm
1965年广西南宁征集

此碗敞口，深腹，圈足，施珊瑚红釉，口沿内外及近足处饰描金回纹，碗内外壁和圈足外墙满饰描金彩"囍"字纹，内底心为描金团"寿"字纹。外底白釉地落矾（fán）红彩楷书"燕喜同和"双竖行款。

"燕喜同和"款为堂名款。同治十一年（1872年）同治皇帝举行大婚，景德镇御窑厂奉旨烧制大婚瓷万余件。大婚瓷在种类、数量、釉色、纹饰、款识等方面都有严格规定，将"图必有意，意必吉祥"的清瓷装饰特征发挥得淋漓尽致。此器红金双色明艳侈丽，展现了皇家大婚庆典的喜庆氛围和奢华气派。

图必有意　意必吉祥

簠

簋

黄釉簠（fǔ）／黄釉簋（guǐ）

清同治

簠，高27.6cm　纵20.4cm　横25cm
簋，高27.6cm　纵20.4cm　横25cm
1961年上海征集／1963年上海征集

　　簠是古代盛稻粱的器具，为方器。此簠器型仿青铜簠，通体施黄釉。整器略呈方斗状，盖面延展出波浪形棱，盖壁两侧作龙耳，腹部两侧有半环龙耳，束胫，方斗形足，足墙有莲瓣形镂空。器表饰夔（kuí）龙纹、回纹、云纹等。底落阴刻楷书"大清同治年制"双竖行款。

　　簋是古代盛黍稷（shǔ jì）的器具，为圆器。此簋造型仿青铜簋，通体施黄釉。整器呈椭圆形，盖面出四棱，腹部两侧有夔凤耳，束胫，圈足。器身饰云纹、回纹、黻（fú）纹、波曲纹、星云纹等。底落阴刻楷书"大清同治年制"双竖行款。

　　清代以仿古瓷器作为皇室祭器，不同材质、颜色的祭器适用场合和发挥的功用各有不同。

黄色专属各其用

釉彩斑斓　157

孔雀绿釉八卦纹琮（cóng）式瓶

清道光
高35.7cm　口径9cm　底径15.5cm
1959年上海征集

远方吉翠三朝开

　　此瓶圆口，短颈，方柱形长身，瓶身中部为凸出的太极图，瓶身四角有凸起的八卦纹，通体施孔雀绿釉。此瓶整体造型比例匀称、器型周正、古朴神雅，外壁模印凸起的太极八卦图案是中国道教的典型元素，体现了"承天象地、天圆地方、天人合一"的理念。

小知识：绿釉与孔雀绿釉

　　绿釉有高温绿釉及低温绿釉之分，以氧化铜为着色剂。汉代就出现以铜做着色剂的低温铅绿釉，宋代定窑绿釉瓷尤为珍贵，被称为"绿定"。明代烧制出了色如西瓜皮翠亮的"瓜皮绿"，孔雀绿釉也颇为流行。清代绿釉出现了湖水绿、秋葵绿、松石绿等新品种。

　　孔雀绿釉亦称"吉翠釉""法翠釉"，是以铜为着色剂的低温色釉，釉色犹如孔雀羽般碧翠冶丽。孔雀绿釉是西亚地区的传统色釉，唐代传入中国，宋金时期的北方民窑及元代景德镇均有生产。明成化时期的孔雀绿釉烧制颇佳。清康、雍、乾三朝，孔雀绿釉的烧制达到极盛。

缥缈幻化垂流织

炉钧釉弦纹直颈瓶

清乾隆
高19.2cm 口径3.8cm 底径5.3cm
1959年上海征集

　　此瓶施炉钧釉，釉色垂流交织，似云气缥缈幻化。颈下起四道凸弦纹，腹上部起一道凸弦纹，胫部起莲瓣纹。

> **小知识：炉钧釉**
>
> 　　炉钧釉以铜、钴（gǔ）等元素为呈色剂，红、蓝、绿、月白等釉色自然流淌而熔融交织，形成变幻瑰奇的斑线纹理。其工艺是先以高温烧成胎，施釉后在低温彩炉中二次烧成。炉钧釉创烧于雍正时期，为仿宜钧釉所制，其中红斑纹似高粱穗，称"高粱红"，为此中佳者。

釉彩斑斓　159

瓷生万象假乱真

"浴德堂制"款仿木纹釉盆

清道光
高12.4cm　口径37cm　底径31cm
1961年上海征集

　　此盆折沿，斜直腹，圈足。施仿木纹釉，腹中部和胫边饰金彩凸弦纹，仿金属箍圈。底落金彩双方框楷书"浴德堂制"双竖行款。

　　仿木纹釉成功创烧于雍正时期，在高温烧成的瓷胎上施各种色釉模仿木材纹理，再以低温烧成，呈现出形似木纹的艺术效果。

　　浴德堂位于故宫武英殿院内西北，堂名源自《礼记》的"浴德澡身"，但其建筑风格带有鲜明的阿拉伯风格。

> **小知识：像生瓷**
> 　　乾隆时期，受西洋绘画技法的影响以及对新奇制品不惜工本的追求，瓷器烧造娴熟运用已臻成熟的颜色釉及彩绘工艺，对各类动植物以及铜、木、漆等工艺品进行仿制，造就了千姿百态的像生瓷。这些瓷器精工巧制，极尽釉彩之粹，拟真仿物之技，令人叹为观止，一眼望去，惟妙惟肖，几可乱真，反映出当时高超的制瓷工艺。

第二部分
彩绘万象

　　彩绘瓷展现了瓷器与绘画双重艺术的魅力。瓷器的彩绘装饰主要包括釉下彩、釉上彩，以及釉下彩与釉上彩结合的青花加釉上彩。

　　原始青瓷已出现彩绘装饰。唐代长沙窑的彩绘瓷异军突起，留下了浓墨重彩的一笔。宋代陶瓷美学分野，以磁州窑等为代表的民窑彩绘瓷展现出了勃勃生机。元青花惊艳现世后迎来了明清两代彩绘瓷发展的鼎盛期，珐琅彩和粉彩的创烧，更是将彩绘瓷推向历史的巅峰。这一时期继承传统而有所创新，汲取域外亦广播海外，新工艺、新品种层出迭现，诸色彩绘信手拈来，随形而赋，各式纹样不胜枚举，可谓包罗万象，瓷上纵览无边光景。

釉下彩

　　釉下彩是以彩料绘于瓷胎，施透明釉或青釉后经高温一次烧成的瓷器装饰工艺，烧成温度一般要达到1200℃以上。从原始青瓷的釉下彩绘到三国时期的青釉釉下铁绘，直至唐代长沙窑，釉下彩绘瓷的发展才有了质的突破。宋金时期磁州窑的釉下彩绘充满了浓郁的生活气息。元青花的出现让釉下彩瓷大放异彩。明清时期，釉下彩瓷以青花为主流，还有釉里红、青花釉里红等品种。

青花缠枝莲纹折沿盘

明宣德
高7.5cm　口径41.3cm　足径27cm
1959年北京征集

异域缠花锈胎骨

此盘为折沿，浅腹，矮圈足。胎质细白致密，釉质凝厚，有橘皮纹。底为无釉细砂底，呈火石红色。青花料为进口的苏麻离青料，呈色浓艳，局部有晕散，铁锈斑痕入胎骨。折沿绘海水纹，内底及内外壁饰莲、菊、牡丹、石榴花、喇叭花等缠枝花卉纹。此类青花大盘是明初外销瓷的常见器型，缠枝花卉纹极具伊斯兰风情，从西亚地区的细密画中可以看到，青花大盘在当时作为盛装食物的餐具使用。

小知识：青花

青花是以钴（gǔ）料绘画的高温釉下彩瓷器，经高温还原焰一次烧成后，釉下的钴料纹饰呈现蓝色。青花瓷创烧于唐代。元代与明初海外贸易大发展，产自西亚地区的苏麻离青料（制作青花不可缺少的原料）得以进入中国并被大量使用，青花瓷空前繁荣，景德镇的元青花举世闻名，明永乐、仁宣时期更是青花的黄金时代。清代青花以康熙时期成就最为突出。明清以来，青花迅速发展为瓷器的主流，成为彩绘瓷的一大类，不仅流行于国内，还畅销于海外。

青花山水人物图棒槌瓶

清康熙
高46.9cm　口径12.5cm　底径16.2cm
1960年上海征集

　　棒槌瓶因其形似洗衣用的棒槌而得名，康熙时极为流行。

　　此瓶盘口，直颈，颈中部起凸弦纹，弧肩，筒形长腹，圈足。胎细白致密，颈部青花纹饰依次为如意纹、卷云纹、山字形纹。腹部主题纹饰为溪山访友图，高情逸致寄情画中。青花采用分水技法，呈现出浓淡深浅的变化，使得近、中、远景富有层次感与立体感。

> **小知识：高士图**
>
> 　　高士图以描绘高行之士的生活情趣及理想情操为题材，是瓷器的典型纹饰之一。此类纹饰中有久负盛名的"四爱图"，此外还有展现山林隐逸生活的携琴访友、对弈论道、行吟山野等图案。瓷器纹饰中高士图的盛行是时代背景的反映，尤其在明末清初，受世风影响，隐逸题材的高士图大量出现。

高情逸致寄画中

青花蓝袍将军帽

青花缠枝牡丹纹将军罐

清康熙
高60cm　口径35cm　底径25.5cm
1991年莫文骅捐赠

  此罐口沿微向外撇，圆唇，短颈，盖似将军盔，顶上有桃形把手，颈和近底处各饰一圈变体莲瓣，肩部饰山字纹和如意云纹一周，腹部以缠枝双犄牡丹布满器身，罐盖也以缠枝牡丹为饰，边沿饰一圈落花流水纹。该将军罐造型规整大气，胎骨细腻，构图饱满，堪称康熙青花大件器中的上品。

  将军罐是明清瓷器的罐式之一，初见于明嘉靖、万历时期，清康熙时期大量涌现。因其盖极似将军的盔帽，故名。最初，将军罐为装殓僧侣骨灰的丧葬用器，清中期以后，发展成为陈设及婚嫁用瓷，并在外销瓷中占据着重要地位。

青花折枝花果纹六方瓶

清乾隆
高65.5cm　口径18～20cm　底径20～22.5cm
1961年上海征集

　　此瓶呈六方形，撇口，长颈，折肩，六棱腹，六方足。胎骨细白，致密厚重，釉面白中泛青。通体以青花绘纹饰，主题纹饰为菊、牡丹、莲及石榴、柿、桃组合的折枝花卉瑞果纹，寓意吉祥富贵，多子、多福、多寿。底落青花篆书"大清乾隆年制"三竖行款。

　　此瓶为清宫典型陈设瓷，器型高大，胎体拼接黏合而成，烧制不易。青花发色浓翠，刻意点染仿造永宣青花中苏麻离青的晕散效果。六棱上所绘西方巴洛克风格的卷草花卉纹，与上下如意纹、回纹一同形成了颈部及腹部棱面的开光构图，可谓中国传统吉祥纹饰题材与西方巴洛克艺术的完美相融，尽显宫廷用瓷的华彩。

多子多福多吉祥

玉壶先春冰心鉴

青花竹石芭蕉图玉壶春瓶

清咸丰

高28.4cm　口径8.6cm　底径11.7cm

1963年杨铨捐赠

  此瓶为撇口，细颈，垂腹，圈足。胎白致密，釉面白中泛青。青花绘庭院栏杆竹石芭蕉图，辅以蕉叶纹、卷枝蔓草纹、如意纹、莲瓣纹等。底落青花楷书"大清咸丰年制"双竖行款。

  竹石芭蕉是明清瓷器常见的装饰纹样之一。修竹劲挺，山石坚硬，蕉叶高大，给人以清幽风雅之感，反映了文人的品格追求。这一纹饰在元代基本定型，多出现在盘类器物上。明洪武时期扩展到玉壶春瓶、执壶等，有青花、釉里红制品，并逐渐形成固定样式为后代所承袭。清代自康熙年间开始，各朝均有烧造青花竹石芭蕉图玉壶春瓶。

  玉壶春瓶最早见于隋唐，源于佛教的净水瓶。此后常见于墓葬壁画与饮酒有关的场景，可见玉壶春瓶是盛酒温酒的酒器。宋代，玉壶春瓶基本定型。金元时期，玉壶春瓶有"胡瓶""胡壶"的记载，可将其作为文化交流的例证。明清两代，玉壶春瓶的器壁虽有细微的变化，仍展现了流畅匀称的美感，成为文人雅士的钟爱之器。

双陆夔凤披青苔

釉里红夔（kuí）凤纹双陆尊

清康熙
高18cm　口径4cm　底径10.3cm
1959年北京征集

　　此尊唇口，细长颈，丰肩，直腹，浅圈足。胎细白致密，颈、腹部以釉里红绘两条相向的变形夔凤纹，凤羽卷曲，釉下可见绿色苔点。底落青花楷书"大清康熙年制"三竖行款。
　　双陆尊造型仿自唐宋以来流行的双陆棋子。此尊是清康熙、雍正时期瓷器的流行尊式之一，一般作插花或陈设之用。

小知识：釉里红

　　釉里红是瓷器的高温釉下彩品种，以氧化铜为着色剂在瓷坯上绘画，再施以透明釉，经高温一次烧成。创烧于唐代长沙窑，成熟于元末景德镇。其烧成难度大，对烧成气氛的控制直接影响发色效果。明宣德时期的釉里红工艺已较为纯熟，但随后烧制数量锐减。清代釉里红复烧，工艺更趋精进，呈色稳定，色调纯正。

釉彩斑斓

仿宣德款青花釉里红梅竹纹碗

清康熙
1960年北京征集
高7.9cm　口径22.4cm　足径7.5cm

红梅青竹凌寒立

　　此碗敞口，斜直壁，圈足。胎细白致密，釉面白中泛青。采用青花、釉里红和堆粉进行装饰。青花绘折枝梅竹，釉下堆粉饰梅花，釉里红点缀花蕊。梅竹凌寒不凋，以物喻志，咏其"双清"之意。底落青花双圈楷书"大明宣德年制"双竖行款。

小知识：青花釉里红

　　釉里红常与青花配合装饰，称青花釉里红，是瓷器的高温釉下彩品种。创烧于元代，以钴（gǔ）、铜为着色剂，绘纹饰于瓷坯，再施釉入窑经高温烧成，从而形成青红相间、冷暖相映的色彩效果。青花与釉里红二者性质不同，对烧制条件要求也有差异，能呈色稳定，实为不易。

釉上彩

　　釉上彩是在施釉后高温烧成的瓷器上以彩料绘画，再经低温烧制使彩料固结于釉面之上的瓷器装饰工艺。宋代的釉上红绿彩是釉上彩瓷的先声。金元时期，定窑、磁州窑及景德镇窑的釉上彩工艺有了很大发展。明清两代釉上彩瓷器品种增多，主要包括素三彩、五彩、珐琅彩、粉彩、红彩、绿彩、墨彩，以及各种颜色釉上加彩等品种，烧制技艺也达到了极高水准。

"刀马人图"五彩绘

五彩铜雀台比武图大盘

清康熙

高8cm　口径47cm　底径28.8cm

1959年上海征集

　　此盘撇口，浅弧腹，圈足。盘面绘画五彩铜雀台比武图。底落青花双圈叶纹款。

　　盘面所绘人物故事取自《三国演义》第五十六回"铜雀台比武"。建安十五年（210年），曹操在铜雀台命众武将比武射箭，胜者可获赠红锦战袍一件。画面中曹操坐于铜雀台上，手抚胡须，志得意满，观看比试射艺。台下有一众武将文臣，树上挂一红色战袍，等待众将士角逐。

　　此类描绘战争或习武场面，人物多为戎装武将的图案称为"刀马人图"，盛行于康熙时期，是当时一系列战争及社会尚武风气的投射。

小知识：五彩

　　五彩又称古彩或硬彩，为多种彩料绘于烧成瓷器的釉面，再经二次低温烧制而成。五彩始见于元，明代出现了与釉下青花相结合的新品种青花五彩，嘉靖、万历时期，五彩盛极一时。清代五彩以康熙时期最为闻名，创新了釉上蓝彩和黑彩。五彩纹饰题材广泛，其中人物画大量采用戏曲小说、历史故事作为内容，深受世俗文化的影响。

釉彩斑斓

中国图板七巧盘

矾（fán）红彩缠枝莲纹七巧攒（cuán）盘

清嘉庆

大三角盘，高7.3cm　口周长28cm+20cm+20cm　底周长24cm+17cm+17cm
方　　盘，高7.3cm　口周长10cm×4　底周长9.3cm×4
中三角盘，高7.3cm　口周长20cm+14cm+14cm　底周长15.2cm+11cm+11cm
小三角盘，高7.3cm　口周长14cm+10cm+10cm　底周长11cm+8cm+8cm
菱 形 盘，高7.3cm　口周长14cm+10cm+14cm+10cm

1954年广西桂林全州征集

　　此攒盘仿七巧板而作，为盛放小菜、果点的餐具。此攒盘器内和底施松石绿釉，器表施白釉，以矾红彩绘缠枝西番莲纹，口沿描金彩。
　　一组攒盘的数量一般为4～20个不等，根据其件数，攒盘又称为四时、五子、七巧、八仙、九子、十成、十二花神、十六子等。攒盘始于明万历时期，其使用延续至晚清。

小知识：七巧板

　　七巧板又称七巧图、智慧板，是中国传统益智玩具，以矩为基础，分割为五个三角形、一个正方形、一个平行四边形，可拼合出多种概括性极强的图案。七巧板起源于宋，经历明代发展，最后于清代定型。清中期以后，七巧板在宫廷与民间广为流行。18世纪开始，七巧板传播至国外，国外称之为"唐图"，意为中国的图板。

黄地绿彩暗刻龙凤纹碗

清康熙
高6.3cm　口径12cm　足径4.2cm
1959年上海征集

　　此碗内外施黄釉，以绿彩绘画，碗内底为篆书"寿"字纹，外壁绘龙凤纹，间饰流云。底落青花双圈楷书"大清康熙年制"双竖行款。

　　此碗为清代御窑厂烧造的宫廷进膳用瓷，黄地绿彩，龙凤为饰，彰显着皇权威严，也昭示着富贵吉祥。清代是瓷器以龙凤纹为装饰的鼎盛时期，龙凤纹瓷器更是帝王婚礼的必备之物，龙是鳞虫之长，凤乃百鸟之王，龙凤相配，呈祥献瑞，无不昭显着宫廷用瓷的雍容华贵。

龙凤黄绿昭华贵

釉彩斑斓

诗书画印古月轩

珐琅彩百花纹五孔尊

清雍正
高9.5cm　口径3.1cm　底径7.1cm
1960年北京征集

　　此五孔尊器内施松石绿釉，器外以黄地珐琅彩绘饰，主题纹饰为百花纹，花团锦簇，蔓草舒卷，一派群芳争艳盛景。底落青花双圈楷书"大清雍正年制"双竖行款。

> **小知识：珐琅彩**
> 　　珐琅彩创烧于康熙晚期，源自欧洲传入的"铜胎画珐琅"技法，此技法后被移植到瓷胎上，形成了具有中国特色的彩瓷新品种，正式名称为"瓷胎画珐琅"，俗称"古月轩"，专供御用赏玩。其工艺是先在烧好的瓷胎上以珐琅彩料作画，再入炉低温烧成。此前珐琅彩料均为西洋进口，雍正六年（1728年）以后，清宫造办处自炼珐琅彩料，色彩种类已远超进口。
> 　　雍正和乾隆两朝珐琅彩极为盛行，融汇了诗、书、画、印之精，是中国古代彩绘瓷工艺臻至巅峰的典范。

中西画艺融洋彩

粉彩牡丹纹盘

清雍正
高3.6cm　口径15cm　足径8.7cm
1959年北京征集

　　此盘撇口，浅弧腹，圈足。胎体轻薄，施白釉。盘面绘粉彩洞石折枝牡丹纹，设色柔和淡雅，牡丹粉艳，绿叶浅碧，洞石间小菊丛生。底落青花双圈楷书"大清雍正年制"双竖行款。

小知识：粉彩

　　粉彩创烧于康熙晚期，是在康熙五彩的基础上，受珐琅彩工艺影响而新创的低温釉上彩品种。因纹饰的绘画技法"摹仿西洋"，又称"洋彩"。其工艺是先在烧成的瓷胎上勾勒纹饰轮廓，在图案中填玻璃白，施彩料于玻璃白之上，以芸香油等将二者调匀，再入炉二次烧成。玻璃白中的砷（shēn）对彩料具有粉化渲染效果，色彩有了浓淡、深浅、明暗过渡的渐变，呈现出粉润柔和的美感，因此被称为"粉彩"或"软彩"。乾隆时期，粉彩瓷大量运用西洋油画透视法，展现了中西绘画艺术在瓷器上的交流融汇。

釉彩斑斓

太湖秋操永记念

粉彩荷花秋操杯

清光绪
高7cm 长18.3cm 宽13cm
1961年上海征集

　　此杯如荷花，花梗作柄，中空可吸饮，花瓣为器身。柄和器身分别施绿釉和粉彩，墨彩饰花瓣脉纹与花梗小刺，造型新颖，拟态逼真。柄背落墨彩楷书款"大清光绪三十四年安徽太湖附近秋操记念杯"。

　　此杯又名秋操杯，是光绪三十四年（1908年）为纪念清军在安徽太湖秋季操练，清廷特命景德镇御窑厂烧制的，巧思别致，集观赏、实用功能于一身，同时也是"太湖秋操"这一历史的记录与见证。

> **小知识：秋操**
>
> 　　秋操是清廷为检阅清末新政新建陆军的编练成果而举行的秋季军事操练。太湖秋操于1908年在安徽安庆太湖县举行。秋操期间，革命党人在安庆城内发动了马炮营起义，打响了新军推翻清王朝的第一枪，秋操也因此终止。

青花加釉上彩

青花加釉上彩创烧于明代，是釉下青花与釉上彩艺术的结合。其工艺是先以青花在瓷坯描绘纹饰，施釉高温烧制后，再于釉上以彩料配合釉下青花绘出完整纹饰，复以低温二次烧成。这类彩瓷包括斗彩、青花红彩、青花金彩、青花五彩等，釉下青花与釉上各彩争妍斗艳，风格迥异，却又相互辉映，浑然一体。

荷塘小景满池娇

仿成化款斗彩莲池鸳鸯纹盘

清雍正
高3.7cm 口径16.2cm 底径10cm
1959年上海征集

此盘侈口，浅弧腹，圈足。胎体轻薄，釉面白中泛青。盘内主题纹饰为斗彩莲池鸳鸯纹，青花荷叶幽翠，红彩莲花娇艳，鸳鸯或畅游，或振翅，此类莲池小景纹称为"满池娇"，寓意祥和美好。底落青花双圈楷书"大明成化年制"双竖行款。

小知识：斗彩

斗彩创烧于明宣德年间，在宣德青花五彩的基础上发展而来，以成化斗彩最受推崇。清代斗彩不仅继承了传统斗彩的风格，更吸收了珐琅彩、粉彩的装饰工艺，还烧成了粉彩斗彩，其中不少精品堪与成化斗彩媲美。

釉彩斑斓

灵仙祝寿湖石透

"退思堂制"款青花五彩湖石花卉纹盘

清道光

高3.2cm　口径15.5cm　底径9.6cm

1959年上海征集

此盘敞口,浅弧腹,圈足。胎洁白坚质,釉面略泛青。盘内以青花五彩绘湖石洞透,丛生水仙、灵芝、南天竺、翠竹,寓意"灵仙祝寿"。底落矾(fán)红彩楷书"退思堂制"双竖行款。

"退思堂"是嘉庆、道光时期睿亲王端恩及其子仁寿的堂号,此器为道光朝睿王府定烧。

小知识:青花五彩

青花五彩出现于明永乐、宣德时期,是釉下青花与釉上彩绘相结合的工艺。与斗彩不同的是,青花五彩是在生坯上以青花绘纹饰局部,施釉入窑高温烧制后,再以其他色彩于釉上将整个纹饰图案补充完整。

云龙穿花舞红彩

青花矾红彩云龙纹碗

清雍正
高5.8cm　口径11.6cm　足径5.5cm
2020年广西南宁征集

　　此碗撇口，深弧腹，圈足。胎细白坚质，轻薄，施白釉。青花矾红彩绘纹饰，内外口边及足部饰青花双弦纹，底心与腹部主题纹饰为青花红彩云龙纹，胫部绘青花莲瓣纹。底落墨彩篆书"大清雍正年制"三竖行款。

> **小知识：青花红彩**
>
> 　　青花红彩最早烧制于明宣德年间，是釉下青花和釉上红彩结合的工艺，需经两次烧成，先烧制釉下青花，再以矾红彩于釉上描绘图案，经低温焙烧。青花红彩在明清两代多有烧造，可将青花作地，也可以红彩作地，纹饰题材多见海水龙纹、云龙纹等。

结语

　　对瓷器的欣赏与鉴藏，魏晋南北朝时期已有萌芽，唐代尚茶之风带来了众多的咏瓷诗作，宋人重三代鼎彝（yí）渊雅的金石学传统为瓷器注入了新的美学内涵，明清瓷业的繁荣及雅玩清赏的风尚更是让瓷器鉴藏成为一门成熟的学问。这一漫长的过程，历久弥新，绵亘起一段薪火相传的历史。冀望此次展览能延续这一赏瓷、品瓷的传统之风，让观众在此釉彩之美中领略瓷器的魅力。

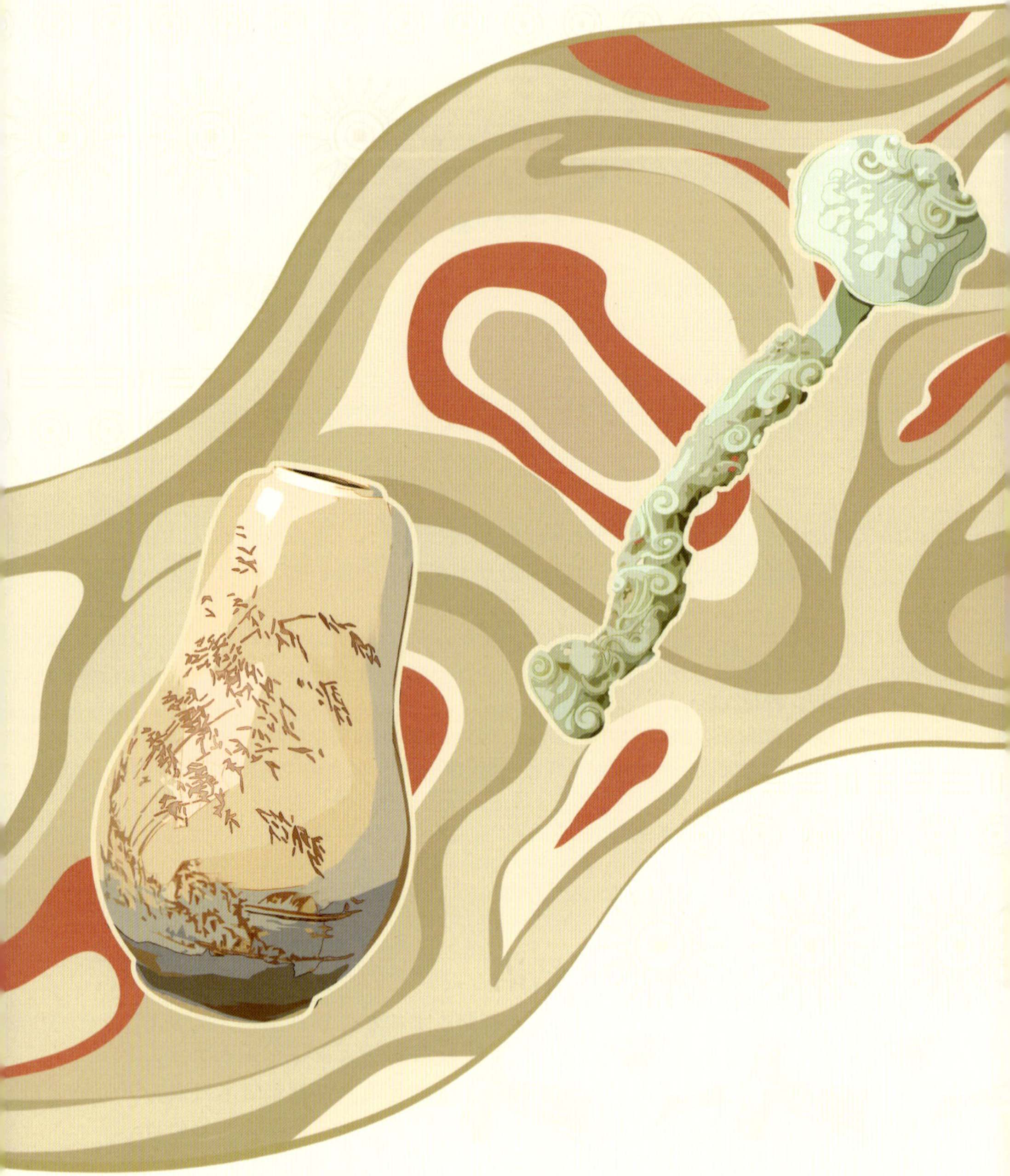

匠心器韵
——馆藏工艺珍品陈列

"精于工,匠于心。"中国古代工艺美术品是中华民族文化的艺术瑰宝,融汇了特有的民族气质和文化特征,是传承文化、表现社会生产力发展和人类文明进步的重要物质载体。展览遴选众多馆藏历代工艺美术文物珍品,旨在展现中国古代工艺美术悠久的历史、别具一格的风范、高超精湛的技艺和丰富多样的形态,营造传承、弘扬中华优秀传统文化的良好氛围,承前启后,赓续文化根脉。

第一部分
琢玉成器

中国素有"玉石之国"的美誉,以玉作器迄今已有9000多年的历史。由于玉具有性质温润、质地坚硬的天然特性,历史上,人们将玉的特征人格化,并赋予其儒家文化的道德内涵,玉作为一种精神文化被历代仁人君子所推崇。玉器被广泛地应用于礼仪、日用、装饰等领域,具有丰富的文化内涵。

青玉"宜子孙"螭(chī)纹出廓璧

宋代
径9.8cm 厚0.3cm
1961年上海征集

此璧青玉质地,将"宜"字作为出廓的系。"宜子孙"寓意子孙都能过上美好安逸的生活。

出廓是指一种特殊的玉璧镂雕技术,主要特征是在玉璧的

青玉出廓宜传世

孔内或外侧雕刻出纹样。始见于战国，盛行于两汉。出廓部位的设计通常为螭龙对拱形，有时螭龙之间还刻有"益寿""长乐""宜子孙"等字样。清代宫廷曾大量仿制汉代的出廓璧，但仿制品的尺寸通常会略小于原作。

头顶荷鹭志高洁

青白玉荷鹭纹帽顶

元代

高5.3cm　径5.5cm

1959年上海征集

　　元代蒙古贵族流行戴各种笠帽，笠帽的帽顶以金镶珠宝玉石为饰，形成一代风气。

　　此帽顶为青白玉质地，多层镂雕而成。顶部由荷叶、莲蓬组成，一荷叶边缘呈连弧式。荷叶与水草穿插交织，形成层次丰富的立面。水草弯曲自如，鹭鸶栖息其间伫立观望，姿态优雅闲适。鹭鸶头长翎（líng）毛，身体浑圆，刻划细阴线象征翼羽。该帽顶为平底，底部有两组对穿孔。荷，寓意和美；鹭鸶，寓意高洁。人们常用荷鹭来寓意清洁高雅，和美如意。

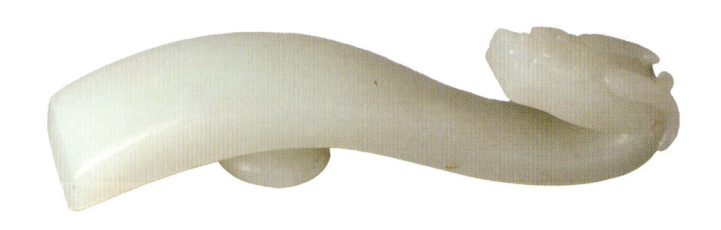

白玉龙首带钩

明代

长11cm　宽2.05cm

1954年广西柳州征集

　　此带钩为白玉质地，器体采用圆雕技法，雕龙首形钩，钩身长条形，钩背光素无纹，钩底有一圆钮。整器打磨圆润，刻工精细。

金钩玉带贵人用

青玉蝶形佩

明代

长7.5cm　宽3.5cm

1985年广西南宁征集

　　此佩青玉质地，器体雕琢蝴蝶展翅造型。蝴蝶谐音"福迭"，有着福气连连的吉祥寓意。

福气连连吉祥意

童子持莲祈福愿

青玉持莲童子坠

明代

高9.5cm 宽7.4cm

1960年李济深家属捐赠

  宋代以来,持莲童子成为玉器中非常经典、深受喜爱的造型。此坠青玉质地,器体采用圆雕技法,童子双手捧着花瓶,瓶中插着一枝莲花。持莲童子有"莲生贵子"的吉祥含义,表达了人们祈求多子的心愿和祝福。

白玉"子冈"款人物诗文牌

清代
长6.67cm 宽4.4cm
1961年上海征集

此牌白玉质地，一面浅浮雕举杯对月图；另一面刻李白《月下独酌》诗："花间一壶酒，独酌无相亲。举杯邀明月，对影成三人。"末署"子冈"款。

子冈，即陆子冈，明代琢玉艺人，擅长减地阴文、镂雕等技法，所制玉器种类繁多，为世俗所推崇。善制诗文牌，图文皆茂，后人多效仿。

琢玉巧匠世人仿

白玉"子冈"款人物诗文牌拓片

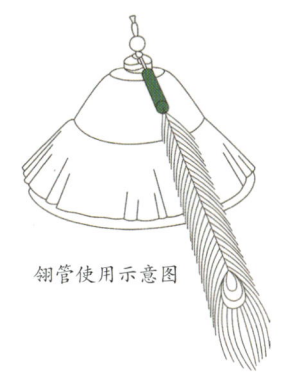

翠翎（líng）管

清代

高6.6cm 径1.6cm

1954年广西玉林北流征集

翎管使用示意图

翎管是清代官员礼帽上插饰花翎的饰物。清代官员及宗室成员，如有功勋，皇帝会赐予花翎以示褒奖。花翎用孔雀羽毛制成，插入管内，戴在脑后，分一眼、二眼、三眼三等，三眼最高。翎管的质地有翡翠、白玉、碧玺（xǐ）、珐琅、陶瓷等多种，以翠、玉为最优。

帽上花翎示功勋

青玉蟹形带扣

清代

长8cm 宽4.5cm

1954年广西钦州征集

此带扣青玉质地，器体采用圆雕、镂雕技法，雕蟹形象生动，两只蟹钳夹持芦穗一枝。

我国古代科举甲科及第者的名单用黄纸书写，故曰"黄甲"；宣布殿试结果为"传胪（lú）"。"蟹之大者曰蝤蛑（yóu móu），名黄甲。"芦苇之"芦"谐"胪"音，此带扣寓意"黄甲传胪"，表达了对人科举及第的祝福。

黄甲传胪金榜题

匠心器韵 185

青玉双耳莲瓣杯

清代
高4cm　口径7.2cm　最长12.4cm
1954年广西钦州征集

　　此杯为青玉质地，造型规整、大方。器体采用圆雕、掏膛、镂雕、阴刻等技法，口沿阴刻回纹，左右镂雕勾云于杯壁作为杯手，腹部莲瓣有棱。

　　莲花俗称"佛花"，莲瓣纹是佛教文化影响下流行的纹饰。南北朝时期由于佛教文化盛行，器物上常用莲瓣纹做装饰。隋唐以降，器物装饰也受此风影响。

露莹莲清捧手中

青玉灵芝形如意

清代

长43cm　宽5cm

1954年广西桂林全州征集

此如意为青玉质地，器体采用圆雕、高浮雕技法，雕灵芝式，如意头浮雕蝙蝠、灵芝，柄身、柄端高浮雕大小朵灵芝。

战国时代，我国已有如意。如意起源于爪杖，因爪杖能搔背部手所不及之痒处，甚如人意，而得名"如意"，当时主要功能是搔痒。又因古人常执之于手中，而得雅号"握君"。明清时期，如意成为寓意吉祥的陈设品。

如意的品类有珐琅如意、木嵌镶如意、天然木如意、金如意、玉如意、沉香如意等。康熙年间，如意大量出现在皇宫。清晚期，如意仍是皇帝与后妃们的把玩之物，寝殿中、宝座旁随处可见，取吉祥、顺心之含义，甚至皇帝还以如意赏赐亲近的王公大臣。

如意使用示意图

握君常伴事如意

第二部分
镂竹剔角

竹雕、木雕、象牙雕、犀角雕及椰雕等，是我国古代工艺美术领域中的不同门类，因其工艺、题材具有很大的同一性，往往被合称为"竹木牙角雕"。其器虽小，但秀工极巧，精雅无比，深受世人追捧。明清时期，随着整个工艺美术领域的繁荣发展，竹木牙角雕也取得了空前的成就，各自形成了独具特色的工艺技法，进入名家辈出、大放异彩的全盛阶段。

竹雕夜游赤壁图笔筒

明代
高14.2cm　径12.2cm
1991年莫文骅捐赠

笔筒为竹质直筒形，以《赤壁赋》为题材，高浮雕苏东坡携友夜游赤壁的情景。笔筒构图恢宏大气，众人乘坐小舟，促膝而坐，抬头观景，船头的艄公正在合力划桨，旁边的童子正在煮茶，炉子、茶壶等刻划得极为细致。两岸山峦陡峭，古木苍松挺立茂盛。整体雕琢精细，层次分明，人物刻画惟妙惟肖，布局意境深远。

竹雕赤壁小舟游

东海道人竹工绝

吴之璠（fán）制佛手摆件

清代

高9cm 径6.5cm

1960年上海征集

　　此摆件为竹根制佛手，采用圆雕、镂雕、浮雕等多种技法把竹根的天然形态与带有橘子皮似的点点棕眼的老结的表皮巧妙地结合起来。瓜蒂处圆形截面上，阳刻篆书"之璠"二字。

　　吴之璠，清代竹刻家，字鲁珍，号东海道人，嘉定人，是朱三松之后嘉定派竹雕的代表人物，其作品曾被地方官吏贡进内廷。《竹人录》称："所制薄地阳文，最为工绝。"

　　佛手属常绿灌木或小乔木，喜光喜温，果实形状奇特似手。因佛手谐音"福寿"，也是多福多寿的象征。

匠心器韵　189

黄杨弥勒笑呵呵

黄杨木雕弥勒立像

清代

高10cm

1954年广东广州征集

此像为黄杨木制，圆雕。弥勒丰颐大耳，眉开眼笑；大腹便便，憨态可掬；双手撑天，赤足立地，故又谓顶天立地弥勒像。此像刻划生动，雕琢精工，刀法简练。

黄杨木质地坚韧，表面光洁，纹理细腻，色彩黄亮，因生长缓慢，有着"千年难长黄杨木"的说法。随着时间的沉淀，其颜色由浅入深，古朴美观，别具特色。

犀角雕螭（chī）纹荷叶杯

清代
高8.2cm　口径9.2～14.2cm
1954年广西北海合浦征集

　　此杯为犀角质地，杯如斗式，似一片荷叶收拢，叶缘向外侧翻卷，自然美观。外壁刻双钩叶脉，下部刻浮雕翻滚的浪花。上部高浮雕两条螭龙，辗转扭曲，动感十足。杯鋬（pàn）以二螭构成，一斜身向上，双爪攀杯缘，头伸入杯口内，另一螭以尾悬其足上，向下探身回首，神态自若。

　　犀角，即犀牛角，为犀科动物白犀牛、黑犀牛、印度犀牛等的角。1993年，中国政府颁布禁令，禁止犀牛角和任何犀牛制品的交易。

荷杯如斗小龙攀

镂雕旋转鬼工球

象牙镂雕多层套球

民国

径12.8cm

1954年广西钦州征集

  镂空透雕是牙角雕刻中常见的技法，最有代表性的作品是镂空透雕象牙套球，也叫鬼工球。这种套球由大小不同的数层同心空心球层层套成，各层之间相互独立，每一层球体都可以自由转动，每层球的表面又镂刻有浮雕花纹，玲珑剔透。镂空透雕象牙套球这一绝技曾一度失传，清乾隆年间又被重新创造出来，并不断发展。

  此器象牙质地，分为九层，每层均可转动。最外层浮雕花鸟纹，内层为双钱纹、菊纹等。

  我国自2018年起全面禁止象牙交易。

第三部分
髹漆嵌钿

中国是世界上最早使用天然漆的国家，跨湖桥遗址出土的木弓是迄今为止发现的最早的漆器，已有8000多年的历史。战国至西汉时期漆器发展繁荣，品种繁多，已有了彩绘、描金、镶嵌等多种工艺技法。隋唐至宋元时期，漆器由注重实用性转向追求艺术性。明清时期，漆器得到皇家的推崇，在数量、品种、工艺诸方面达到了历史的最高峰。

黑漆嵌螺钿（diàn）人物故事碗

清代
高8.3cm　口径15.2cm
1959年上海征集

此碗为木胎，外壁髹（xiū）黑漆，嵌螺钿骑马赴京图，造型端庄规整。

螺钿是中国特有的传统工艺，是将螺壳与海贝磨制成薄片，根据画面需要组成人物、花鸟、几何图形或文字等，镶嵌在器物表面。

骑马赴京螺钿碗

琴高乘鲤刻剔红

剔红琴高乘鲤图圆盒

清代

高6.5cm　面径11.8cm

1959年上海征集

  此盒通体朱漆雕刻，盖面雕琴高乘鲤化仙故事，琴高跨骑鲤背之上，身下鲤鱼十分硕大，体态健壮，鱼身之下波涛汹涌，以流畅的细线雕饰海浪纹。开光边缘雕缠枝花果纹，腹部雕锦地纹，足胫部雕仰莲瓣纹，足边雕回纹。盒内黑漆无纹。

  琴高是中国先秦时代传说中的人物，能鼓琴，后于涿（zhuō）水乘鲤归仙。

  剔红是雕漆技艺之一，又名"红雕漆"。其法常以木质、金属为胎，在胎骨上层层髹（xiū）红漆至相当的厚度，待半干时描上画稿，然后再雕刻花纹。

金彩银光民国技

金漆灵芝纹如意

民国

长35cm

1954年广东广州征集

此如意为木胎，通体髹金漆，如意由三朵大灵芝和无数小灵芝及枝叶镂空雕琢组成，镂雕工艺玲珑剔透，层次丰富，枝叶繁密。器身钤（qián）"沈绍安兰记"商标。

竹胎黑漆戗金辉

黑漆描金"永春"仕女图提篮

民国

高34cm　径22cm

1954年广西柳州征集

此提篮为竹胎，以黑色生漆为底，戗（qiàng）金银箔进行加工。盖面落有"永春民国壬申年郭振盛造"款。

匠心器韵　195

第四部分
铸铜炼彩

在中国传统铜制工艺中,铜炉的地位举足轻重,历代文人视之为雅玩之物。元代,铜胎珐琅器自海外传入,经历了漫长的发展、融合和创新的过程,能工巧匠将外来工艺与我国艺术完美相融,形成了具有鲜明的民族风格和绚丽的艺术风采的特种工艺。明清时期是铜炉制作的巅峰阶段,在中国工艺美术史上独树一帜。

铜"张鸣岐(qí)制"款手炉

明代
高6.8cm 口径5.7~7.5cm
1960年北京征集

手炉是冬天暖手用的小炉,多为铜制。
此手炉为铜胎,由炉身及炉盖两部分组成,取精铜锻打锤揲(yè)而成。盖镂雕网纹,通体光素无纹,底刻"张鸣岐制"铭款。
张鸣岐,浙江嘉兴人,明代制炉名家,所制手炉工艺精湛、多姿多样,深受世人追捧。张鸣岐制作的手炉炉内炭火炙热但炉身不烫手,在当时堪称绝品。手炉是由厚铜皮一锤一锤敲打出来的,故有"千锤万揲出张炉"的美誉。

千锤万揲手心暖

铜"宣德年制"款冲耳乳足炉

清代
高11cm　口径16.1cm
1975年广西河池都安征集

此炉为铜胎，口沿上左右各立一冲天耳，三乳足。器外底篆书"宣德年制"款。此炉秀雅古朴，凝重精美，无丝毫浇铸范缝与焊疤。

宣德炉是明宣宗在大明宣德三年（1428年）参与设计监造的铜香炉，是中国历史上第一次运用暹（xiān）罗等地进献的风磨铜铸成的铜器，采用传统失蜡法历经数次烧炼铸造而成。

明朝末年，有文人将宣德铜器与永乐雕漆、景泰珐琅、成化斗彩并称，称其"精巧远迈前古"。仿造宣德铜器的活动大概始于明末，清雍正、乾隆时期达到高潮。

宣铜精巧胜前古

铜"永茂斋制"款手炉

清代
高9.5cm　腹径9.8～11cm
1959年上海征集

此炉为铜胎，由炉身、炉盖、提梁三部分组成，取精铜锻打锤揲而成。盖镂雕篾（miè）地花卉纹，双提梁，底刻"永茂斋制"铭款。

手炉轻暖慰寒风

匠心器韵　197

铜炉雕龙釉彩斑

掐丝珐琅缠枝纹绳耳熏炉

清代

高16.5cm　腹径15cm

1960年上海征集

  此炉为铜胎，器盖镂雕双龙戏珠纹，外壁施天蓝色珐琅釉为地，采用红、白、宝蓝等多种釉做装饰，器身外腹饰缠枝纹。绳纹冲耳，三乳足，底正中镶嵌一长方形双框无纹铜印鉴，配木雕棱形三乳托座。

小知识：掐丝珐琅

  掐丝珐琅是中国传统的工艺品，属于珐琅器品种之一，通常特指铜胎掐丝珐琅，又称"景泰蓝"。其制作一般在金、铜胎上以金丝或铜丝掐出图案，填上各种颜色的珐琅釉料，之后经焙（bèi）烧、研磨、镀金等多道工序而成。

铜胎画珐琅人物图盘

清代
高1.7cm　口径11.4cm
1960年上海征集

　　此盘为铜胎，正面施白釉为地，采用红、黄、黑、绿、蓝多种釉做装饰，采用画珐琅工艺饰农耕图、纳凉图、私塾图、东坡爱菊图、刘伶醉酒图、采药图等，底部施白釉。

　　画珐琅的制作技法起源于15世纪中叶的欧洲，约在康熙二十三年（1684年）传入中国，当时称其为"洋瓷"，宫中则称其为广珐琅。当时，广州的产品多保留着西方文化的韵味，但由于烧造技术不高，釉料色不稳定。至康熙晚期，随着制作技术的成熟，画珐琅的式样、图案已开始形成中国风格。我国烧制的画珐琅器造型稳重浑厚，与瓷器中的粉彩相似。

中西合璧画珐琅

第五部分
抟土塑陶

坭（ní）兴陶，产于广西北部湾沿岸的钦州市，历经千年发展和传承延续至今，形成了特有的无釉还原烧制工艺。采用钦江东、西两岸独特泥料制坯，经复杂严苛工序，1200℃左右高温煅烧成型。烧制过程中的"窑变"艺术，可谓"火中羽化"，形成斑斓绚丽的色彩和丰富多样的纹理，具有独特的艺术欣赏性。坭兴陶与江苏宜兴陶、云南建水陶、重庆荣昌陶并誉为中国"四大名陶"。

坭兴陶寿桃壶

民国
高12.2cm 口径2.5cm 底径6cm
1954年广西柳州征集

坭兴陶经高温烧制后，偶有发生"窑变"现象，使产品独具一格。其珍贵之处在于：产品烧制后经过细致的水磨加工去掉表层火皮，方显露出光润柔和、古色古香的本质，呈现出古铜、虎斑、天斑、墨绿等意想不到的诸多色泽。这种色泽变化得之偶然，不循章法，也无定格。

火中羽化成仙品

此壶窑变呈蟹青色。附饼形盖，盖顶置桃形盖钮，口与盖做卡口，将盖稍作旋转便会卡住，使壶盖不易脱落。壶肩剔刻五片桃叶，呈泥之原色，深浅两色相衬，显得生机盎然。腹部一面刻双钩楷书"仙品"，背面题刻行书"己未仲春胂浣作"。外底钤（qián）阳文楷书长方印"钦州章""秀声"。

坭兴陶山石折枝菊图葫芦瓶

民国
高24.6cm 口径4.4cm 底径7.8cm
1954年广西横州征集

此瓶瓶身呈葫芦形，外壁白泥绘山石折枝菊图，题款"辛未年仲夏作于古安州"。

葫芦瓶身画意深

黎家苍松显高风

坭（ní）兴陶抚松图瓶

民国
高35.3cm　口径8.1cm　底径9.6cm
1954年广西横州征集

　　此瓶腹部以白泥绘抚松图，一长者身着叠襟长袍袖手扶靠苍松聆听松涛声。题款"丙辰夏月璧涵制于宁越古郡"。底钤（qián）阳文楷书方印"黎家造"。

　　黎氏兄弟黎昶（chǎng）春、黎昶昭于1888年携手创立了制陶作坊黎家造，其作品代表中国参展，获得1915年美国旧金山巴拿马太平洋万国博览会金奖和1930年比利时独立100周年世界陶瓷展览会金奖。

修竹临风文人境

坭兴陶竹林垂钓图葫芦瓶

民国
高29.8cm　口径6.2cm　底径11.2cm
1954年广西桂林永福征集

　　瓶身呈葫芦形，腹部以红泥绘竹林垂钓图，描绘一渔夫头戴斗笠，手持鱼竿，坐在篷船头，静静垂钓。湖岸山石层叠，修竹临风，一派传统文人画的意境。底钤阳文楷书款"钦城黎家造"。

结语

　　党的十八大以来，习近平总书记关于大力弘扬劳模精神、劳动精神、工匠精神的重要论述，为推动传统工艺实现创造性转化、创新性发展提供了坚实的理论基础，也丰富和深化了我们对工匠精神的认识。在传统工艺振兴新发展理念的引领下，凝聚着中华民族物质文明和精神文明的传统工艺必将再绽灿烂之花。

图会前贤
——馆藏明清文人画家作品陈列

  文人画家指在绘画上有一定造诣的文人和士大夫。文人画家重视笔墨情趣，其作品不仅是其胸襟、抱负、才思、学识等素养的综合体现，也是其精神和情感的传递媒介。无论是居庙堂之高，还是处江湖之远，文人画家总能在儒与道、仕与隐、兼济与独善的抉择中，涵养自己的人生观和价值观，使之更加丰富和深邃。

  本展览精选馆藏明清时期著名文人画家的珍贵作品，让人寻味画中与画外的万千世界。

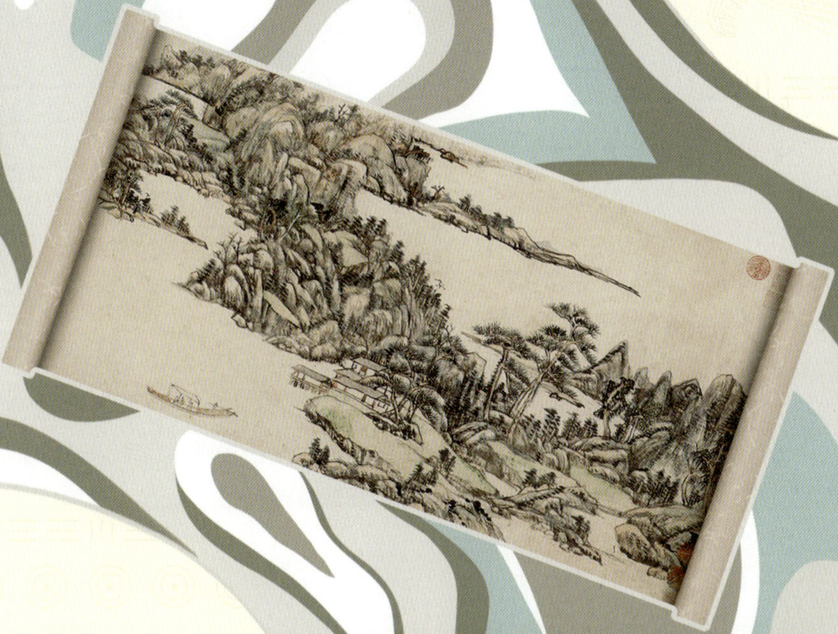

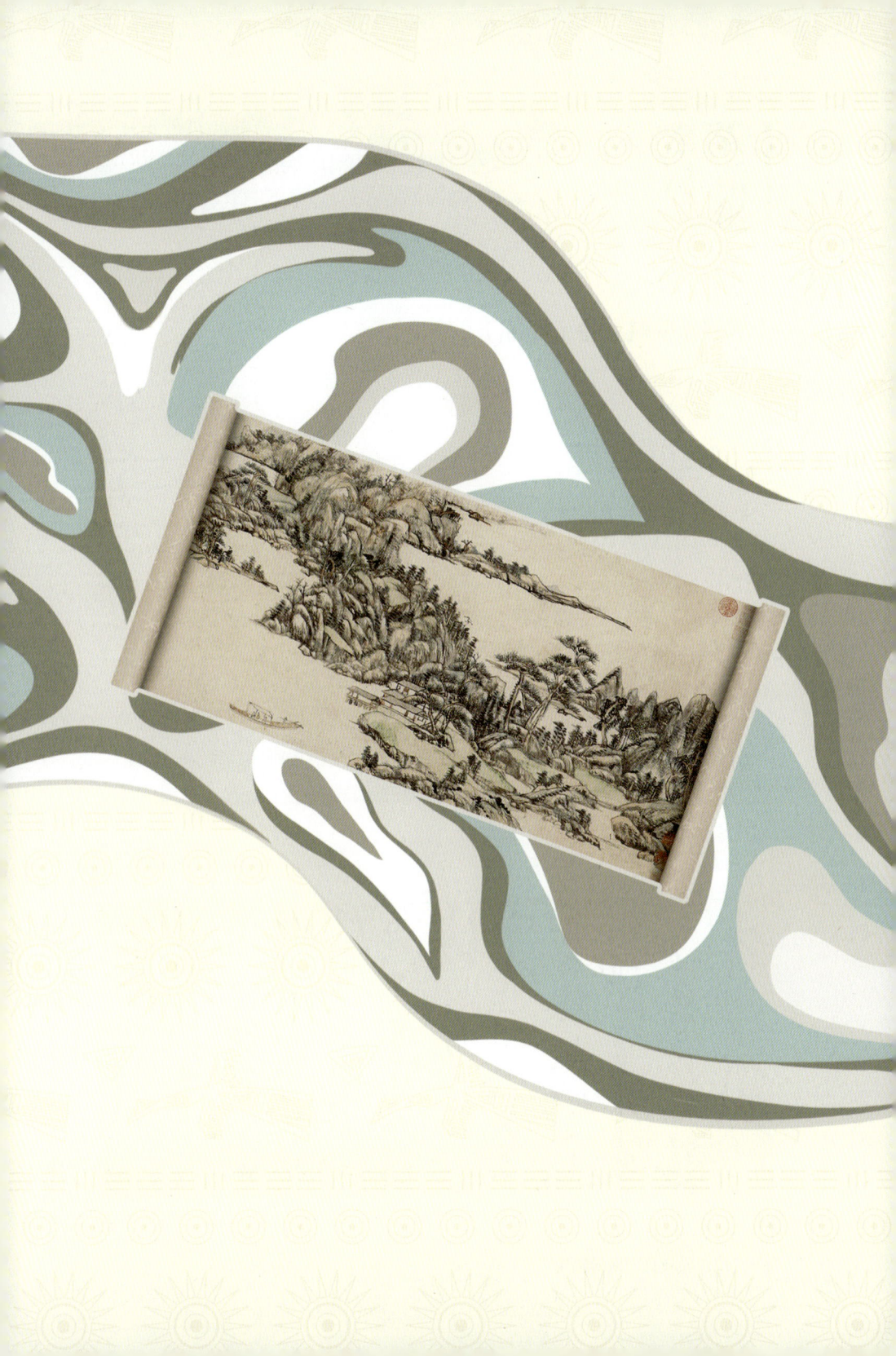

素居弄清影

书房，又称书斋，是文人画家重要的日常生活场域。文人画家在这里读书、论学、习字、撰文、作画、鉴赏，沿袭家传和师承，师古而不泥古，修其心而治其身。

《草书赤壁赋》卷（局部）

明代　文嘉
纸本
纵34.3cm　横670.4cm

文水道人宗师后

　　这篇《草书赤壁赋》运笔曲直、轻重、虚实得当，长短错落，富有节奏韵味。题识："隆庆三年闰月二十日书于停云馆中之北牖（yǒu），时天气新凉，殊觉有兴也，文嘉。"钤（qián）印："文嘉之印""文氏休承"白文方印、"文水道人"朱文方印，卷首钤"文水"白文长方印，鉴藏印有"多心人"朱文圆印、"半丁审定"白文方印等。

　　文嘉（1501—1583年），字休承，号文水，长洲（今江苏苏州）人，文徵明次子。明代诗文作家，吴门派代表画家，明清篆刻的一代宗师。文嘉能诗，工书，小楷清劲，亦善行书，精于鉴古，画风传乃父衣钵。

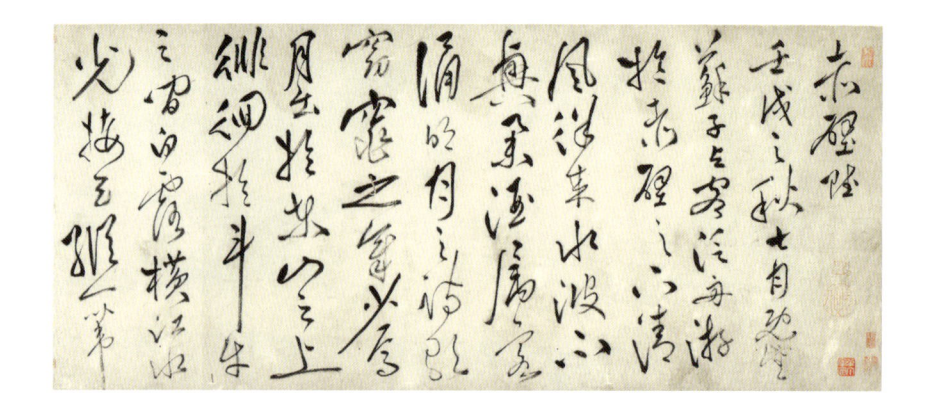

"武林"之首笔工整

《仿范宽山水人物图》轴

明末清初　蓝瑛
绢本
纵171cm　横51.4cm

此图画面远处两侧奇峰耸立，幽谷深邃，流瀑潺潺；中部苍松斜出，巨石杂树间有一茅亭，一人于亭内赏景；下部红树青山，相互呼应。图中体现出没骨法的个人风格，表现文人悠游的隐居生活。

此图题识："范华原法于云间贶（kuàng）远阁。南湖外史蓝瑛。"钤印："蓝瑛之印"白文方印、"田叔氏"朱文方印。

蓝瑛（1585—约1666年），字田叔，号蜨（dié）叟、石头陀、西湖山民等，钱塘（今浙江杭州）人。擅画山水，早年以摹古为主，宗法唐宋元诸家，尤以习元代黄公望、明代沈周最有心得，笔致工整细润，墨色清淡妍静。中年于传统的绘画基础上形成自己的绘画面貌，笔墨苍劲雄浑，以疏简粗犷的线条组合表现高峻突兀的江南葱郁之景。后人将蓝瑛和从其学画的其他画家合称"武林画派"。武林指浙江杭州西侧的武林山，是杭州的别称。

图会前贤　207

《荷花图》扇页

清代　恽（yùn）寿平
纸本
纵18.8cm　横55.5cm

南田草衣怀三绝

　　《荷花图》中西风渐起，深秋萧瑟，一茎浅粉新荷却娇艳动人，似乎含露欲滴，与凋零的荷叶、枯萎的莲蓬形成鲜明的对比。题识："带露销金粉，蒲塘绿不肥。秋风莫相妒，应护美人衣。南田寿平在藤花斋戏图。""美人衣"指荷花。此图钤（qián）印："叔子"朱文方印、"南田草衣"白文方印。

　　恽寿平（1633—1690年），初名格，字寿平，号南田、白云外史等，毗陵（今江苏常州）人。创常州派，为清朝"一代之冠"。恽寿平诗书画三绝，尤以绘画成就最高，独创点染同用技法，其画明丽秀劲，珠圆玉润，一改明代先勾勒后填彩的技法，开创了清代花鸟画新风。

小知识：清初六家

　　"清初六家"是王时敏、王鉴、王翚（huī）、王原祁、吴历、恽寿平六人的合称。他们继明代董其昌之后，在山水画坛享有盛名，左右时风，被视为"正统"。六位画家中，吴历、恽寿平虽与"四王"有诸多师承、好友的复杂关系，但在实际创作中所表现的内容、风格和艺术主张还是有一定区别的。

雅集觅知己

文人画家中有洞察世相的智者，有恃才傲物的狂士，有与世无争的隐者，他们彼此趣味相投，常聚集烹泉煮茗、听琴弈棋、唱和酬酢（zuò），惺惺相惜，情深意长。

《书画合璧》册（部分）

明代　董其昌
纸本
纵39.5cm　横46.5cm

一河两岸书画传

此图册共十开，画面恬静简淡，为董其昌有个人标志性的一河两岸式构图。如：

第一开，题识："抚孤松而盘桓。玄宰"；钤印："董其昌"朱文方印。书："水宿仍余照，人烟复此亭。驿边沙旧白，湖外草新青。其昌"；钤印："宗伯学士""董氏玄宰"白文方印。

第七开，题识："玄宰画"；钤印："董其昌"朱文方印。书："门径俯清溪，茅檐古木齐。红尘飞不到，时有水禽啼。其昌"；钤印："宗伯学士""董氏玄宰"白文方印。

第八开，题识："玄宰画"；钤印："董其昌"朱文方印。书："南海城阴阔，东湖水气多。直须台上看，始奈月明何。其昌"；钤印："董氏玄宰"白文方印。

董其昌（1555—1636年），字玄宰，号思白、香光居士，华亭（今上海松江）人，明朝书画家，是"华亭画派"杰出代表。董其昌精鉴赏，善书法，工山水，师董源、巨然、黄公望、倪瓒（zàn）等人，一生创作的书画作品不可胜数。他的画一般以青绿设色，古朴典雅；用笔精到，强调书写；着墨不多，意境深远；线条灵动，柔中带刚。他以佛家禅宗喻画，演绎出空灵隽永的书画面貌。

董其昌作画常以古人为师，在广泛吸取唐宋元诸家优长的同时，融合自身创意，逐渐形成自己独特的风格，是中国书画史上承前启后的大

图会前贤

家。其最突出的艺术理论为"南北宗论",把文人画归为南宗正脉,对后世影响深远。著有《容台集》《画禅室随笔》《画旨》等。

董其昌擅长诗文书法,山水作品中时常题以诗文,以行楷为主。其书法上溯王羲之、王献之、米芾(fú)等名家,全篇展现诗、书、画、印,富有浓厚的文人气息。

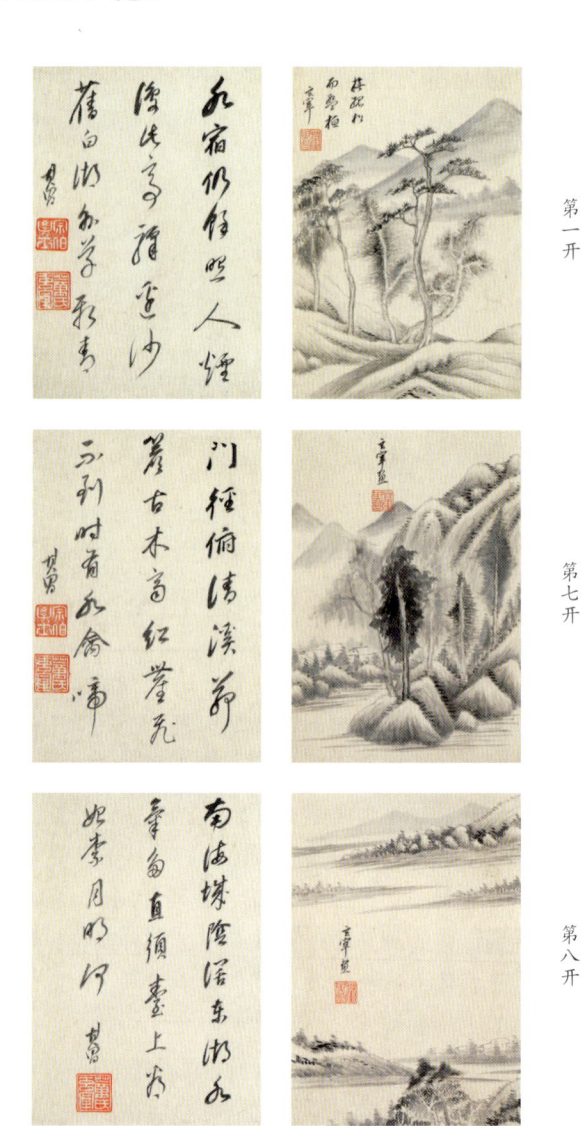

第一开

第七开

第八开

《江山卧游图》第118卷（局部）

明末清初　程正揆（kuí）

纸本

纵29.4cm　横310cm

　　此图卷首题识："江山卧游图"；钤（qián）印："种石轩"朱文引首印。卷末题识："第一百十八，时辛丑十月，揆"；钤印："癸（guǐ）""一人师"朱文方印。

　　程正揆（1604—1676年），字端伯，号鞠陵，别号清溪道人，湖北孝感人。明末清初画家、书法家，董其昌的入室弟子。擅山水，师法黄公望、沈周。主张"画贵减，不贵繁"，笔墨枯劲简老，设色浓湛，结构随意自然。

　　程正揆自1642年起，开始创作《江山卧游图》卷，共画了500卷之多。存世的每卷长度都在200厘米以上，最长达600厘米。此卷是第118卷，整图笔势韧劲奔放，注重浓淡枯湿的交替层次，景物营造虚实得宜。

苍苍江山室内赏

沉雄古逸名家授

《仿巨然山水图》轴

明末清初　王鉴
纸本
纵155cm　横83cm

　　巨然是五代至北宋初画家，僧人。擅画山水，师法董源，得野逸清静之趣，深受文人喜爱，对元明清以至近代的山水画发展有极大影响。这幅画便是王鉴模仿巨然的山水画作。此图题识："巨然笔。王鉴。"

　　此幅作品实为王鉴中年时创作，此时作者师法古人的范围不断扩大，遍学宋元各大家，技法愈加全面，规矩极严谨，神韵又复超逸，洋溢着润泽华滋的意趣。

　　钤（qián）印："王鉴之印"白文方印、"员照"朱文圆印、"染香庵主"朱文方印等。

　　王鉴（1598—1677年），字元照，又字圆照，号湘碧、染香庵主，江苏太仓人。明末清初画家，为清初"四王"和"清初六家"之一。擅画山水，曾得董其昌亲授。四十岁后辞官，专心绘画，其作品匠心渲染，有沉雄古逸之长。

元笔宋法古求变

《仿宋元十家山水图》册十开之一

明末清初　王时敏

纸本

纵28.7cm　横20.7cm

　　作品仿自宋元李成、赵大年、米芾（fú）、赵孟頫、黄公望、吴镇、倪瓒（zàn）等人，每页钤"王时敏印"白文方印。此为第二开，题识"仿小米云山"。

　　王时敏（1592—1680年），字逊之，号烟客，又号西庐老人、西田主人、西田遗老、归村老农等，江苏太仓人。明末清初画家，清初"四王"之首，"清初六家"之一。工诗文，擅画山水，得董其昌真传，遍临宋元名家，但并非一味仿古、泥古，有个人的艺术风格。

《南山积翠图》卷（局部）

清代　王原祁
纸本
纵43.8cm　横338cm

此图题识："南山积翠。康熙辛卯清和，仿一峰老人，预祝乾翁老先生亲家六裹（zhì）荣寿，寄正。王原祁。"钤（qián）印："王原祁印"白文方印、"麓台"朱文方印，引首钤"画图留与人看"朱文长方印。"一峰老人"为元代画家黄公望，他的《富春山居图》赫赫有名。

王原祁的山水画精研宋元法度，一生临仿黄公望的作品极多，但仍能独出机杼（zhù）。作者擅长密笔山水，细节繁密工细。此图是其"晚年苍浑"的典型面貌，山川浑厚，草木华滋，用色绛翠斑驳，是浅绛、青绿手法的极致运用与融合。其实处茂密，密不插针；其虚处空疏，疏可走马。画面中累见笔笔交叠、色色相浸之处，全然不拘小节而直渲天人真趣。

王原祁（1642—1715年），字茂京，号麓台、石师道人，江苏太仓人，大画家王时敏之孙。王原祁既承董其昌及王时敏之学，又多方汲取营养，笔墨功力深厚，是清初"四王"和"清初六家"之一。

开合起伏天真趣

闹市循孤音

大隐隐于市，小隐隐于野。有的文人画家终身不仕，甘于布衣；有的始入宦海，后弃官为民，他们最终选择依靠鬻（yù）画为生，在喧嚣中自取一片洞天福地，精神与情操近净土远俗尘。

《人物图》册六开之一

清代　黄慎

绢本

纵28.5cm　横34.5cm

此图册绘有古代仕女、老者、儿童等，描绘细腻，比例准确，布局严谨，设色清妍典雅。

此为第四开，题识："雪乳已翻煎处脚，松风忽作泻时声。闽中黄慎写。"钤印："躬"朱文方印、"懋"白文方印。题诗出自苏东坡《汲江煎茶》。

黄慎（1687—1768年后），名盛，字恭懋（mào）、恭寿、菊壮，号瘿（yǐng）瓢子，别号东海布衣，福建宁化人。清代画家，为"扬州八怪"之一。

他幼时家贫，遂学画，早年多作工笔，后为粗笔挥写，以简驭繁，于粗狂中见精练。以草书名世，且创造性地将草书入画。他的人物画擅长从民间取材，塑造了纤夫、乞丐、流民、渔民等人物形象，十分难得。

草书入画名后世

图会前贤　215

野竹无次多清风

《山水人物图》册六开之《竹林朝士图》

清代　金农
纸本
纵24cm　横31.5cm

  此图题识:"野竹无次,颇多清风。何方朝士,屏驺(zōu)从之来。裴回竹下,啸咏不去,得毋王子猷(yóu)一流乎!此间忽有斯人可想、可想。乾隆二十四年秋七月,画于广陵九节菖蒲憩馆,七十三翁杭郡金农记。"钤(qián)印:"金吉金印"白文方印。

  题识出自王子猷"不可一日无竹"的典故,王子猷即王徽之,东晋名士,王羲之第五子。金农借绘此图之机,表达了对王子猷的敬仰之情。

  金农(1687—1763年),字寿门,号冬心先生,仁和(今浙江杭州)人。清代书画家,"扬州八怪"之一。工诗文书画,学识渊博,精于鉴赏;书法擅隶,以"漆书"自创一格;学画较晚,有"五十始挥毫"之说。他的人物画构图独特,以书入画,平中见奇。

五毒五瑞共端阳

《五瑞图》轴

清代　罗聘
纸本
纵91.2cm　横38.7cm

此图题识："五瑞图。乙未天中节，两峰罗聘画。"钤印："罗聘私印""两峰画印"白文方印。

天中节即端午节。"五瑞"实为菖蒲、艾草、石榴花、蒜头和龙船花，为传统绘画题材中吉祥文化的代表。罗聘所绘蛇、蟾蜍、壁虎、蜘蛛、蜈蚣为"五毒"。"五瑞"对"五毒"有祛毒辟邪之效，作者反其道而行之，借"五毒"暗喻"五瑞"，显示了其标新立异的风格。

罗聘（1733—1799年），字遯（dùn）夫，号两峰，又号依云和尚、花之寺僧、金牛山人等。寓居扬州，祖籍安徽歙（shè）县，是"扬州画派"的画家，也是"扬州八怪"中最年轻的一位。

罗聘一生好游历，布衣终身。他是金农的入室弟子。画风尚新尚奇，以画梅、鬼趣图闻名，擅刻印。

山谷闻语响

褪去青襟，侣烟霞，友泉石，踯躅峰巅，流连崖畔，以自然之美净化心灵，忘却人生坎坷、世俗机巧。文人画家不仅笔下取尽古人神髓，而且长年累月广游名山大川，超逸思想终能在画趣中洒脱释放。

枯寒逸简越古人

《岩壑绘诗图》轴

明末清初　弘仁
纸本
纵88.9cm　横41.8cm

此画中下方有题识："溪头风雨正凄迷，陨片缤纷尽染泥。茶鼎浪浪香出墨，都将岩壑绘诗题。弘仁。"钤（qián）印："弘仁"朱文圆印、"渐江僧"白文方印。

此幅为作者晚期作品的典型风格，取景清新，构图简逸，采用高远法，使远、疏、淡、苍的意境更加明显。画中表现秋意凉凉，用平行的线条勾勒山体，方折的线条勾勒几何石块，笔简墨淡，没有繁复的皴（cūn）擦。整个画面疏中有密、虚中带实，仿佛在雾气将散时独自眺望远山，更添幽静、空寂之感。

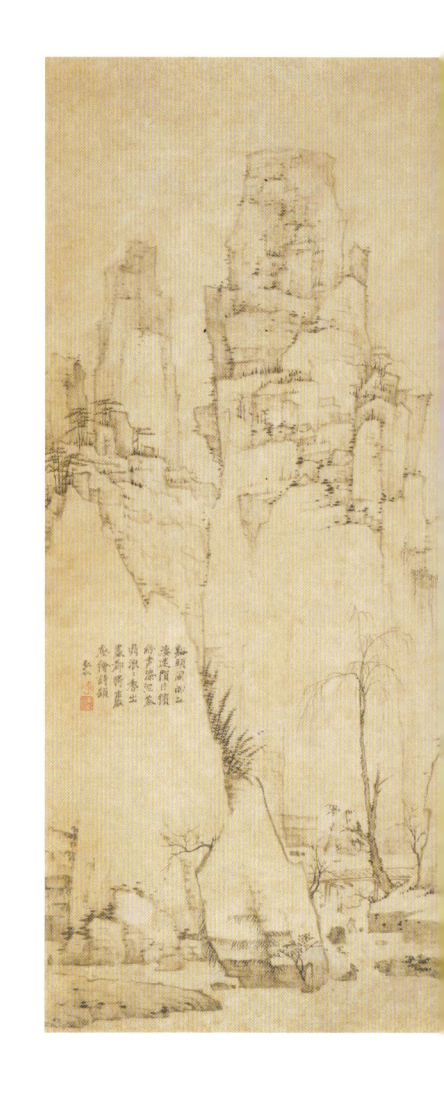

弘仁（1610—1664年），俗姓江，名韬，字六奇，出家后释名弘仁，

号渐江学人，又号无智、梅花古衲，安徽歙（shè）县人。明亡后入武夷山为僧，平生好游，擅画山水，宗法宋元，是"新安画派"的奠基人，也是清初画坛"四僧"之一。

弘仁的作品简化了山石的体势，以富有变化的方折体来呈现山峰的奇异风姿和内在精神，笔墨简约素淡，意境冷寂清孤，代表了清初遗民画家的极高水平。

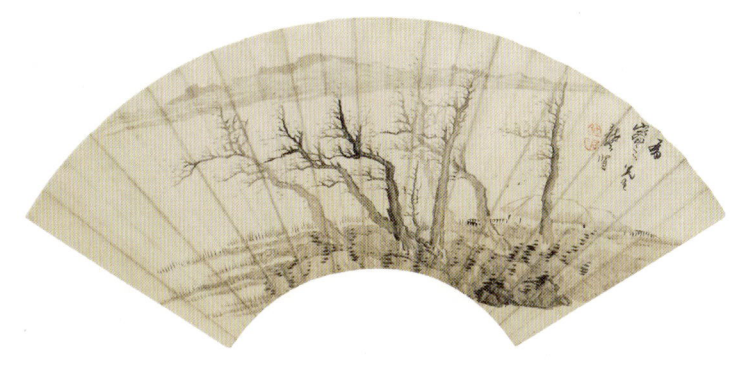

《山水图》扇页

明末清初　龚贤
纸本
纵19.6cm　横56.5cm

平远苍茫妙空灵

此幅为龚贤中晚期作品，以平远法取山水一景，用墨色的变化来表现远近、明暗，画风深郁，意境深邃。

扇面右侧有款识："为密之先生，龚贤"；钤印："半千"朱文连珠印。

龚贤（1618—1689年），又名岂贤，字半千，号半亩、柴丈人等，江苏昆山人。明末清初著名画家，工诗，擅山水画，是"金陵八家"之一。

明末战乱时，他外出漂泊流离，入清隐居不出，靠卖画课徒为生。他是位既注重传统又重师法造化的山水画家，反对一味模仿古人，提倡写生，强调绘画艺术的本源在于自然。长于用苍劲的笔触表现山林的秀润，形成了浑朴中见深幽的积墨法。

图会前贤　219

不到山中趣自生

《卧游图》轴

明末清初　高岑
绢本
纵208.5cm　横57.2cm

　　高岑喜作大幅作品，此画可能是应客人的要求而创作。画面茂柳婀娜，掩映水榭，小舟轻泛，远山崇峻，一派暮春景象，置景巧妙。格调文逸秀雅，静气中无冷艳隔绝之感，反而给人温润之气。此图高远深远兼具，笔力坚挺，还有烟岚缭绕之趣，实为山水之佳作。

　　画中题识："闲将一幅代山行，不到山中趣自生。几树柳丝摇曳处，青山分外起予情。石城高岑并题。"钤（qián）印："高岑之印"白文方印、"窠（kē）园"朱文方印。

　　高岑（1621—1691年），字善长，又字蔚生，浙江杭州人，居金陵（今江苏南京）。明末清初画家。他早年放弃科举，全力学诗学佛学画，绘画风格多样，擅画山水及水墨花卉，写意传神，笔墨不凡，自成体系，为"金陵八家"之一。

《山阁归舟图》扇页

清代　樊圻（fán qí）
纸本
纵17cm　横52.7cm

　　樊圻山水画作品存世较多。此图布局精巧，景物清丽，淡彩渲染，色不碍墨、墨不离色，以斧劈皴（cūn）法表现俯临水面的峭壁，山石皴擦细润自然，一叶扁舟随波荡漾，悬崖之上树荫掩映小阁，是悠然世外的恬静之景、清远之境。

　　画中题识："庚戌中秋前三日，侣右文道兄，樊圻。"
钤印："樊"白文方印、"圻"朱文方印。

　　樊圻（1616—约1711年），字会公，又字洽公，江宁（今江苏南京）人。清代画家，擅画山水、花卉、人物，用笔工细，皴法细密，风格劲秀清雅，为"金陵八家"之一。作品富含古意，是"逸品"的代表。

笔精墨妙画逸品

—— 结语 ——

一抹墨色，勾勒世态万千。
一缕游思，掸去满身风尘。
　　明清文人画家笔下物象的组织构建，有各自独特的表现方法，意蕴悠长，探寻灵魂的适意，叩问生命的安顿。

亦器亦趣
——馆藏文房用具陈列

"文房"之名，始于南北朝，当时所谓"文房"，是指国家典掌文翰之处。唐宋以后，文房则专指文人书房。文房一隅，笔墨度日，是士人一生大部分时光的写照。古人书房之乐，无外乎陈设有致，器物精良；心无琐事，娴雅生趣；自成天地，自在其中。

中国古代的文房用具，早在战国至汉代时已相继出现，历经唐、宋、元、明之后，至清代达到了鼎盛。笔、墨、纸、砚享有"文房四宝"之美誉，是中国传统文化的象征。在漫长的历史岁月里，文房辅助器具应

运而生。形制各式的文房用具又称文玩，其功能多样，质地不一。它们大多造型美观，奇巧秀丽，观赏价值极高，文人墨客将其藏之于室，体现主人的审美情趣和修养、品格与境界。

君子述志以器，格物致趣。文房器具兼具实用与观赏价值，体现了中国古代文人的生活情趣，成为中国传统文化艺术的载体与组成部分。

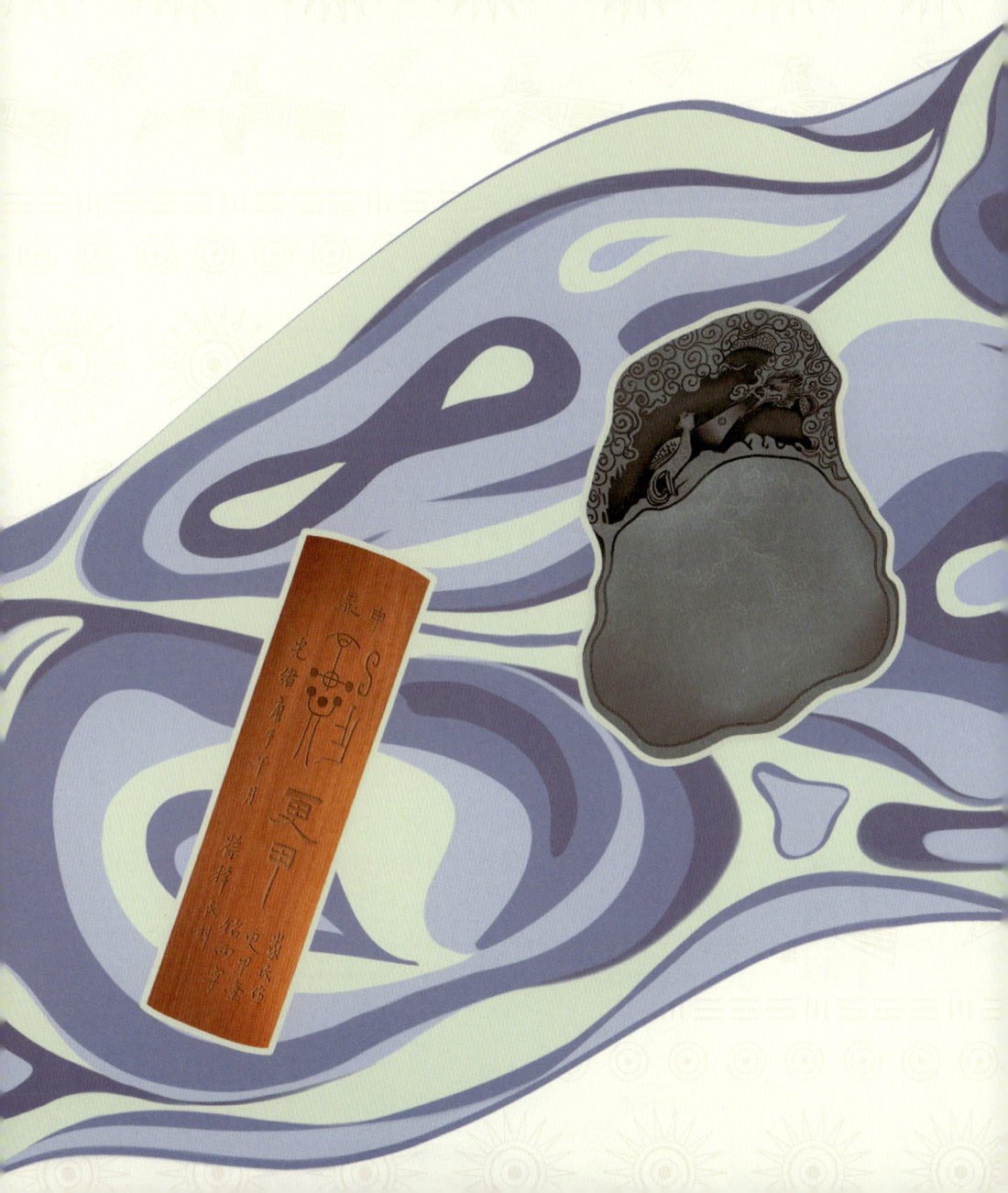

第一部分
结庐人境

　　一方书斋，便是古代文人安顿身心的最好归所。此间，文章经国，翰墨用世，士大夫修身治国，谋略天下；手不释卷，细嗅书香，古圣贤韬光养晦，独善潜修；焚香静思，扪心悟道，文德者造论著说，探寻真理；吟诗作对，琴歌酒赋，众夫子怡情天地，以终天岁。

　　人生仿若一场马不停蹄的旅途，世间繁杂却在此斋排解纷扰，历史长河从指缝中潺潺流过，或沉寂，或激昂，或翻启新章。青灯竹影映青苔，更是幽居独乐时。

　　结庐人境，莫负人生。

书斋清韵

　　自古及今，书斋制式并不固定，富者可雕梁画栋，贫者或陋室一席，地点、样式、布局虽可变化万千，却"贵其精而便，简而裁，巧而自然也"。古贤文人将志趣、品格、品位等精神世界聚于其中，以达避尘绝俗，修身养性，清净雅致。心无旁骛者，正如子曰："君子居之，何陋之有？"

四库文阁藏御墨

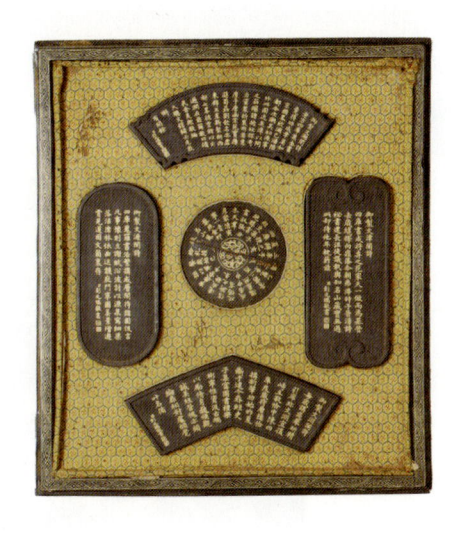

御制四库文阁诗墨

清乾隆
最长8.5cm　最宽4.4cm　最厚1.3cm
1962年关瑞梧、关锦梧、关桂梧三姐妹捐赠

  墨是古人书写、绘画的必备用具。墨的使用最早可追溯到新石器时代。
  此套墨共五锭，墨色黝黑，墨质细腻，形状各异。其中，中央为圆形十二辰墨，中心描金圆圈内为螭（chī）纹，纹饰中央篆书"御制"二字，圈外一周楷书十二地支名，背面雕十二生肖。上边为扇形文溯阁墨，左边为牛舌形文源阁墨，右边为长方云头形文津阁墨，下边为磬（qìng）形文渊阁墨。
  这五锭墨出于内廷制作，极尽工巧。正面均有描金小楷的御题诗，背面所雕亭台楼阁画面纹路清晰。其中四锭墨正面御题诗后还有"臣彭元瑞敬书"字样，墨左侧面有阳文"乾隆年制"四字款。
  四库文阁是指乾隆时期为贮藏《四库全书》而建的四座藏书楼。乾隆三十七年（1772年），乾隆帝下令编纂《四库全书》，乾隆四十七年（1782年）第一部书成，存于紫禁城内的文渊阁。同年又抄成三份，分别存于热河的文津阁、圆明园内的文源阁、沈阳的文溯阁。其中文源阁毁于兵火，今尚存三处。

亦器亦趣　225

后人仰慕仿名家

仿"松雪斋"第七砚

清乾隆

长14.9cm　宽9.3cm　厚3.8cm

此砚呈长方体，背面刻满文字，壁刻"松雪斋第七砚"。

松雪斋，元代著名书画家赵孟頫的斋名。《元史·赵孟頫传》："孟頫篆籀（zhòu）分隶真行草无不冠绝古今，遂以书名天下。"后代文人仰慕他，偏好在文玩用具上仿铭刻"松雪斋"。

赵孟頫（1254—1322年），字子昂，号松雪道人，又号水精宫道人，湖州（今属浙江）人。官至翰林学士承旨、荣禄大夫，封魏国公，谥号"文敏"。著有《松雪斋集》。

名家之手御园景

胡开文"御园图"散墨

清嘉庆
最长8.5cm　最宽4.4cm　最厚1.3cm

　　全套墨有64锭，此为其中六块散墨。《御园图》系选自故宫、西苑、圆明园三处的64景。

　　此套墨图纹、墨形各异，或似古琴，或似钟鼎，构思巧妙，绘山光水色、亭台楼阁景致，锭锭描金带彩，正面以金彩楷体书写楼阁景物名称，背面绘制亭台全景。

　　胡开文，清代徽州休宁墨业字号，创始人为绩溪（今安徽宣城）人胡天注。胡天注（1742—1808年），乾隆时期制徽墨名手，在休宁屯溪开设"胡开文墨店"，后代均沿用此老字号。胡开文制墨，集各家之长，善做药墨。

亦器亦趣　227

终身道友

文房器物，大多不过盈尺，可使用，亦可赏玩；可置于案上，亦可把玩掌中；可近取，亦可远观。一管笔，书画万物；一锭墨，晕染阴阳；一卷纸，含纳风云；一方砚，留存千古。文房四物承载着文人的胸襟与气节，古代士人珍之重之，视之为人生瑰宝。

"最喜小中能见大，还求弦外有余音。"文房内一器一物，皆随主人心性；满目琳琅，皆为文人心志所向。以长物为友，格物致知，便是修身。

集雅士之好，奇物神秀，一生雅趣，尽在此中。

苍龙教子镇书香

"苍龙教子"纹牙雕镇纸

明代

长10.8cm　宽3.4cm　高4cm

镇纸是书写作画时固定、平整纸面的用具。长方尺形者，称镇尺；圆雕各种瑞兽动物形者，称压镇或镇纸，有铜、玉、石、瓷、木、竹等多种材质，造型变化多样。

此镇纸圆雕苍龙，伏于长方形底板上。龙回首，瞪目龇牙。龙身饰同心圆纹，龙尾饰云纹。腹部藏三小龙，形态各异。"苍龙教子"典故以苍龙喻窦燕山。

青玉雕卧仙人笔山

明代
高4.5cm 长8.2cm

  笔山，亦称笔格、笔搁、笔架，即架笔之物，随毛笔而产生，为文房常用器具之一。

  此笔山为青玉质地，远观似起伏山形，近观可见巧雕一仙人坐卧于酒坛前，仙人头戴圆帽，笑颜长须，衣袂（mèi）飘飘，手持一酒杯，一副自得其乐的酒后醉态。

青玉笔山仙人卧

莲花蔓草纹铜圈带镇纸

清代
通径12.5cm

  圈带，是圈字临帖时所用的实用工具，功能与镇纸相同。古人习字常经历描红阶段，即在书帖上铺一张薄纸，对帖内文字进行摹写。将圈带铺在纸上，可起到压平纸面、凸显纸下字迹、控制字体大小的作用。此器流行于晚清至民国时期。常见铜质材料，一般刻金石文字、花纹、吉祥图样作为装饰。

圈带镇纸巧摹红

亦器亦趣

龙凤呈祥载千秋

龙凤绿端砚

清代

长25cm　宽20cm　高2.5cm

　　砚是中国传统的研墨工具，秦汉时已问世。宋代苏易简《文房四谱》载："四宝砚为首，笔墨兼纸，皆可随时收索，可与终身俱者，惟砚而已。"砚的种类繁多，有石砚、泥砚、瓷砚、铜砚、漆砂砚等。

　　此砚呈不规则状。砚面有绿色横条纹，受墨处稍凹，砚首为墨池，墨池边沿雕飞龙，飞龙腾云驾雾，口吐珠宝，似欲赠予立于山石上的凤鸟。砚腹阴刻楷书铭："质成豆绿，产自苗疆，镌巧工良，龙凤翱翔，叶升平之瑞，征利见之祥，非独宝文房，重书香，直并驾乎都官玉堂。丁巳春宝善刊。"印："宝善""子子孙孙耕"。

　　绿端砚产于广东肇（zhào）庆（古称端州），是端砚中较名贵且难得的一种。

承腕倚臂墨迹全

"葆祥"制钟鼎文竹臂搁

清代
长27cm 宽7.2~7.3cm

　　臂搁,亦称秘阁、搁臂、腕枕,是文人写字或者绘画时承腕垫肘之用具,保持了书画者手臂与纸面的距离,以避免手腕蹭花未干的墨迹,也使得臂部有所倚靠,更加舒适省力,为文房常用器具之一。多作长方扁片状,覆瓦式,两侧底边稍向下卷。其材质多见竹木、象牙、玉石、瓷、漆、铜等,面上多以花卉草虫、人物故事等为装饰。

　　此臂搁呈长条形,上部阴刻隶书"申鼎",中部阴刻钟鼎文"申作车鼎",下题隶书阴文"更甲",底部书"严氏作更甲壶铭两字",落款"光绪庚子午月葆祥氏刻"。

胡开文"金壶墨汁"墨

清代

长5.4cm　宽5.3cm　厚0.9cm

　　金壶墨汁,出自晋人王嘉《拾遗记·周灵王》:"浮提之国献神通善书二人,乍老乍少,隐形则出影,闻声则藏形。出肘间金壶四寸,上有五龙之检,封以青泥。壶中有墨汁如淳漆,洒地及石,皆成篆隶科斗之字。"

木雕夔(kuí)龙花卉纹墨床

清代

长11.4cm　宽3.4cm

　　墨床,又称墨架、墨台,是放置墨锭的用具,因形似古代床榻而得名。

　　此墨床为木质,呈长方状,床与床台有高低面,以凹槽连接。床台正面壁饰镂空卷云纹,床壁饰镂空花卉夔龙卷云纹。

一点如漆开文墨　卷云秀雅墨香来

描银团龙纹蜡笺对联纸／描银花卉粉笺对联纸

清光绪
左，长165.5cm　宽37cm
右，长165.5cm　宽37cm

描银团龙纹蜡笺对联纸一副，纸面饰团龙纹，边饰蝙蝠纹。蜡笺，即涂蜡的纸，为书法之用。

描银花卉粉笺对联纸一副，纸面绘草虫花果纹等。粉笺，即粉红色的笺纸。

随着纸张制作技艺的不断提高，古代出现了各种质地、各种色彩和图案的纸张。特别是明清以来，欣赏文玩的风气日盛，纸张也同艺术结合起来，逐渐成为文人雅士收藏的对象。

加工纸笺韵雅致

亦器亦趣　233

碧海流波蝶恋花

炉钧釉浮雕蝶采月季花纹笔筒

民国

高12.2cm 口径8.5cm 底径8.5cm

  此笔筒直腹圆筒，施炉钧釉，器壁为斑驳的蓝色，其上饰白色浮雕蝶采月季花纹，蓝白对比鲜明，热闹中不乏宁静。

斑竹柄屏笔

民国
通长20cm
1991年莫文骅捐赠

　　此笔为凤眼竹笔管，纳兼毫。
　　兼毫是指制作毛笔时使用两种或两种以上不同动物的毛发，如此，便于结合硬毫和软毫的特点，使笔毫既有弹性又柔软，满足各种书写和绘画需求。

书画兼宜墨韵长

> **小知识：毛笔**
> 　　距今五千多年前的新石器时代，出土陶器上发现了软笔写画的痕迹，这很可能是最初的毛笔。商代甲骨文中已出现笔的象形文字"聿"；春秋战国时期毛笔已被广泛使用；晋代张华《博物志》有蒙恬造笔之说；唐代宣笔名声大振；元明时期，浙江湖州涌现出一批制笔能手，以山羊毛作笔毫，风行于世，世称湖笔；清代湖州一带成为中国毛笔的集中产地。

亦器亦趣

水利文思

细缓流水 洽融墨

文房水器，常指添水以助研墨者与浣笔调墨者。前者为砚滴、水盂（yú）之类，后者为洗。添水以盈池，墨块在砚中轻旋，或浓或淡，于微妙中磨人心性，使人专注宁静。置洗以浣笔，于水中涤荡墨色，可修身养性，助益文思，借物洗尘心。

藤县中和窑青白釉瓜形砚滴

宋代

高5.3cm　口径4.5cm

广西梧州蒙山文平林业局出土

砚滴，又称水滴、书滴，是传统的文房器物，贮存清水供磨墨之用，它的出现与笔墨的使用和书画的兴起有关。东晋时期，就出现了水盂，但是水盂一般仅有一口，往砚里倒水时，水量不易控制，往往容易过量，于是砚滴应运而生。砚滴有单独的进水孔和出水孔，且水流细缓，便于掌控水量。

此砚滴呈瓜形，顶部有莲蓬式钮。

龙泉窑青釉菊瓣式洗

元代

高3.1cm　口径11.9cm　底径6.3cm

　　笔洗，用于盛水洗笔的容器，属文房用具。书写停笔时，可用其洗净笔中的墨汁，避免墨中的胶粘连笔毛，使笔产生损伤；绘画时，可用其切换不同的颜料与墨。案头水器往往小巧，却能"一洗人间氛垢矣，清心乐志"。

　　此洗呈菊瓣花口，底心钤（qián）印，长方框，书八思巴文款。洗口作菊瓣花口，富有文人气息，有着东晋陶渊明"采菊东篱下，悠然见南山"之意境，表达了物主淡雅脱俗的心境。

清心乐志洗墨汁

郎窑红釉水盂（yú）

清代
高4.7cm　口径3.3cm　底径3.2cm
1962年关瑞梧、关锦梧、关桂梧三姐妹捐赠

清水红艳伴墨色

水盂，又名水盛，亦称水丞、水中丞，是用以盛水的小型器皿。小巧而雅致，置于书斋案几之上，与砚田相伴，往往附有小勺，以便取水。宋人赵希鹄在《洞天清禄集》中作注说："晨起则磨墨，汁盈砚池，以供一日之用，墨尽复磨，故有水盂。"

郎窑红，中国名贵铜红釉，色彩鲜艳，因其于18世纪始产于清朝督陶官郎廷极所督烧的郎窑，故名。

炉钧釉蟠（pán）龙洗

民国
高6.8cm　口径16cm　底径15.5cm

炉钧洗上蟠龙舞

此洗呈桃形，平底。内壁施松石绿釉，外壁施炉钧釉。口沿处圆雕两条匍匐蟠龙，昂首长吟，依势盘旋，气势雄伟。

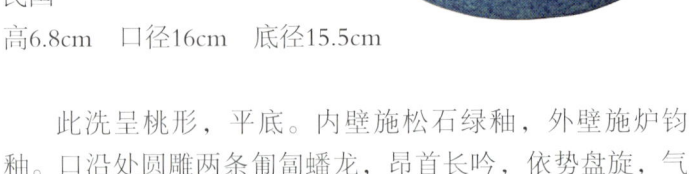

印以昭信

"印者,信也。"秦汉风云,铁马金戈,虎符合一,则可调千军万马,唯信此凭。

后人以印昭信,以金石为鉴。文章画作,印以为止。或为信用,或为姓名,或为心志,或为闲趣。一方印虽小,内涵却表万千。选一方美玉,雕琢一枚精致私印,寄托内心一方净土。

君子有德,落印不悔。

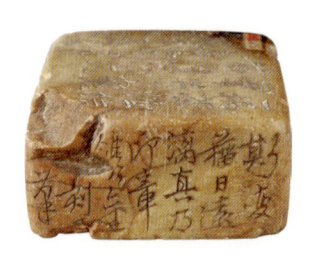

青田现世篆首选

"龙水蒋氏家藏珍玩子子孙孙永宝"印

明代
高4.4cm　方径9cm

此枚大方形闲章使用青田石料篆刻。文彭阳刻篆书:"龙水蒋氏家藏珍玩子子孙孙永宝。"

文彭(1498—1573年),明代篆刻家、书画家。字寿承,号三桥,文徵明长子,长洲(今江苏苏州)人。继承家学,能诗画,工四体书,为明代篆刻开山大师,与何震并称"文何"。

中国古代印章材料大都采用金属、玉类。偶有发现的石质印章,多用来陪葬。金属、玉材质地坚硬,用刀难以刻制,因此过去的文人想要刻制一方自己创作的印章,先要将内容写好,让工匠打制或摹刻,否则难以达到艺术创作者所需的效果。文彭发现青田石质地细腻,硬度适中,适合篆刻,此后青田石便成为文人篆刻印章的首选。

"风月纵横玉笛中"印

清代
高8.3cm 方径6.7cm
1954年李启民捐赠

此印为青田石方章。边款为汪启淑阴刻篆书:"风月纵横玉笛中"。

汪启淑(1728—1800年),字慎仪,号秀峰,又号讱(rèn)庵,安徽歙(shè)县人。清代徽商、藏书家、金石学家、篆刻家。

汪启淑生平性耽篆刻,癖嗜图书,家有"开万楼",藏书百余橱。尤嗜印章,自称"印癖先生",搜罗古玺(xǐ)印章数万钮,汇辑《讱庵集古印存》三十二卷。其刻印从浙派,兼融皖派,取法秦汉,清新古茂。生平尚辑有《汉铜印丛》《退斋印类》《锦囊印林》《秋室印剩》等二十余种。

素筠雅印田黄石

"滇南素筠（yún）女士"印

清代
高7.4cm　方径3.2～3.9cm
1960年李济深家属捐赠

　　此印为田黄石章，田黄是福建寿山石的一种，呈黄色，色泽温润，肌理细密，极为珍贵。此印为方柱形，姜黄色，石质滋润，雕兽钮。印面阴刻篆书印文"滇南素筠女士"六字。

　　缪（miào）嘉蕙（1842—1918年），字素筠，昆明人。绘画工翎（líng）毛、花卉，秀逸清雅。清光绪年间，慈禧太后特旨让其在内廷任职，经常用其所作作品赏赐大臣等。

　　福建寿山石、浙江青田石、浙江昌化石和内蒙古巴林石为中国四大传统印章石，这些石料质地细腻，易于雕刻，色彩瑰丽。

朱粉密封泥不干

粉彩丹凤纹印盒

清代

高6.5cm　口径9cm　底径6.3cm

　　印盒，亦称印奁（lián）、印色池，是蓄藏印泥的器物，最初由粉盒演变而来。古代用印一般为泥封、色蜡、蜜色、水色等，宋代使用油印，出现了真正意义上的印泥。以粉盒储存，可防止印泥油料挥发。

　　此印盒呈馒头形，上、下以子母口扣合，圈足。其上绘制的凤穿牡丹是传统吉祥图案。在古代传说中，凤为鸟中之王，牡丹为花中之王，丹、凤结合，象征着美好、光明和幸福。

第二部分
古贤雅趣

《说文解字》："斋,戒洁也。"于书斋,素手烹茶,品书谈笑,是谓高洁清雅之地。书斋有雅物,因其材、形、韵、趣恰如文人品格情趣。正是"斯是陋室,惟吾德馨"。

闲倚床榻览古籍,挥毫泼墨绘丹青,邀约知己,齐聚雅斋,逍遥自在,摩挲古鼎,品鉴古画,修身养性。

先人讲求"志于道,据于德,依于仁,游于艺"。清心乐志,长物为友,怀有君子之德,满室幽香。

君子明德

从"岁寒三友"松、竹、梅,到"四君子"梅、兰、竹、菊,花草竹木因与君子比德,便负载了高洁坚贞的品格。

以文房之物为友,士子文人以器明志,以物寄情。

竹影案牍常相伴

十六眼竹节形端砚

明代

长26.5cm　宽11.5cm　厚7.5cm

此砚外形为不规则长方体，似一段竹节直剖切面，正面顺势雕琢出砚堂与墨池，两边竹节处浮雕竹芽，砚上共有16只竹眼。

炉钧釉浮雕折枝梅花纹文房用具

民国

炉钧釉浮雕折枝梅花纹墨床，长9.5cm　宽4.8cm　厚1cm
炉钧釉浮雕折枝梅花纹镇纸，长6.3cm　宽4cm　厚1.5cm
炉钧釉浮雕折枝梅花纹水盂（yú），高5cm　口径8cm　底径7.3cm
炉钧釉浮雕折枝梅花纹印盒，高5.6cm　口径8.9cm　底径5.5cm
炉钧釉浮雕折枝梅花纹笔山，长10.7cm　宽2.1cm　高3cm
炉钧釉浮雕折枝梅花纹笔筒，高12.2cm　口径8.5cm　底径8.5cm
炉钧釉浮雕折枝梅花纹瓶，高12.4cm　口径1.9cm　底径3cm

梅香点点陈雅室

炉钧釉浮雕折枝梅花纹文房用具一套，含墨床、镇纸、水盂、印盒、笔山、笔筒、瓶共七件。

炉钧釉结晶呈蓝色，釉面均开细小纹片，深浅、长短不一，似葱葱山岚，似遮天夜云，似深海碧水，布满器身。白色浮雕的梅枝错落有致，梅花点点。整套文具表现出主人的清雅高洁之气。

好法自然

士人好师法自然，兴许源于万物给予人类最本质的触动。中国人崇尚自然，以自然为美，以自然取胜。自然万物所蕴含的气韵，与高士的精神世界形成了强烈共鸣。于是，文人雅士邀明月清风入堂室，塑万物之形伴于斋中、置于案上。

葫芦砚上蝈蝈鸣

巧雕葫芦端砚

清代

长20.4cm　宽15cm　厚2.5cm

此砚呈扁平葫芦形。砚首面浅挖小型葫芦形墨池。砚堂浅凹，坦平，呈寿桃状。砚顶圆雕茎叶，左侧沿边的垂落叶面上匍匐一只蝈蝈，形象生动。背面为素面。该砚因材施艺，构图简练，刻线流畅，在大葫芦上又巧雕小葫芦，风格清隽高雅。

碧玉雕佛手果式洗

民国
长14cm　宽9.5cm　高2cm

　　此器呈折枝佛手果式，小果掏堂作水丞，卷曲蔓叶作洗，底部伏一蝙蝠。一器多用，体现出匠人妙取天然韵致的奇巧雕功。

蔓叶成洗福绵长

格古怀远

古物是人类社会文明发展的产物，是人类审美和创造力的结晶。自宋人始，好古热潮迭起。取古器之形态，赋今日之生命，格古怀远，只求返璞归真，寻得自我。

古拙素雅砖瓦砚

南朝齐永明三年砖制砚

清代
长17.5cm　宽11.5cm　厚4.8cm

此砚原为南朝齐永明三年（485年）砖，后以砖制砚，保留其古朴造型，背部保留网格纹。

砖砚是指以古砖为材料刻制的砚台。古代宫殿、陵墓等建筑所用砖瓦多为官府督办，成砖用土质地极为细润，烧制出的砖瓦品质优异，用其制成的砚不渗水，而且发墨好。清中期金石学大兴，以古砖瓦制砚较为盛行。这种古砖砚大朴古拙，有高古素雅之态。

金丝铁线哥釉盂

仿成化款哥釉铁锈如意云纹水盂（yú）

清代

高3.5cm　口径4.5cm　底径5.1cm

　　此水盂浅洗口，扁弧腹，平底，圈足。器口肩部作铁锈如意纹边饰，腹与底施哥釉。底落刻阴文"成化年制"两竖行款。

　　哥窑是宋代五大名窑之一。清代有好古之风，出现了不少仿宋代官釉的作品，其中就包括哥釉。

　　哥釉瓷的重要特征是釉面开片，这是在釉面上的一种自然开裂现象，其网纹之色浅黄者宛若金丝，细黑者如铁线，二者互相交织，因而被名之为"金丝铁线"。

亦器亦趣　249

以文会友

君子以文会友，以友辅仁。文人或十日一会，或月一寻盟，聚首雅集，曲水流觞（shāng），游目骋怀，畅叙幽情，享天地之大美。往来之间，无丝竹之乱耳，无案牍之劳形。器存知己，情谊千年。

御墨记铭三生石

汪节庵款"御制咏三生石诗"山水纹墨

清代

长8.5cm 宽4.4cm 厚1.3cm

1960年李济深家属捐赠

此墨呈长方形，共八锭，形制相同。每锭正面均为金书阳文"御制咏三生石（庚子）：灵鹫（jiù）山寻下天竺，三生石宛后门通。却传昔友彼僧侣，即是后逢此牧童。莫讶改头还换面，何须赏月与吟风。信然仍弄精魂汉，未识内空内外空"。墨侧面阴文："歙（shè）汪节庵拣选五石漆烟，按十万杵（chǔ）法制"。背面为山水纹。

红木杆大斗笔

民国
1991年莫文骅捐赠

红木笔管,造型粗壮,笔毫挺健,适宜书写匾额之巨擘(bò)大字。笔斗处有阴刻楷书"植之先生存用,温怀存赠"。

赐笔,在古代是指君王以彤管笔赐予官员。唐代诗人岑参《省中即事》诗曰:"君王新赐笔,草奏向明光。"

文人之间则赠笔以示情谊与酬谢。相传,蔡君谟(mó)为欧阳修的《集古录》作序,欧阳修以鼠须笔作酬谢,蔡君谟笑曰:"以为太清而不俗。"

红管巨笔赋匾书

亦器亦趣

第三部分
物我自得

　　许多士大夫曾入仕为官，满腔抱负：有人于朝堂建言献策，有人于沙场报效国家。当理想与现实发生冲突的时候，有人看破红尘，远离名利，归隐山林以修身洁行；有人旷达超脱，越挫越勇，虽九死其犹未悔。

　　自如的书斋空间，归于心之所向。一物一景皆是吾心所属。无论人生抉择何如，置身尘世，可书画养性，琴音涤身，慎独其身。

　　"读书不觉春已深，一寸光阴一寸金。"徜徉文海，怡情天地间。

枕石漱流

　　山野幽宅，隐者居之。仕人疲于纷繁复杂的世事和人际间的辗转盘旋，内心趋于回归乡间，效仿圣贤，享田园山水之乐，以求得片刻静谧。

　　远离庙堂，归于本心，寄情山林，以琴书笔砚为伴，为古代文人向往的生活方式。

苏文忠笠屐端砚

清乾隆
长27.7cm　宽18.8cm

"文忠"是苏轼的谥号。

砚为扁平长方体,砚面呈淌池式。砚盒上有后人题刻篆书"苏文忠笠屐端砚",跋有楷书"坡斋主人属"、行书"醴（lǐ）江处士题",钤（qián）印"醴江草堂"。

以笠屐（jī）图装饰砚台较为常见。相传苏轼在儋（dān）州时,外出游玩、访友,途中遇到大雨,从农家借来斗笠和木屐,穿戴后在路上行走,模样狼狈,一路被人争相围观哂（shěn）笑,他却泰然处之,谓"自得幽野之趣"。此后笠屐图成为东坡的标志性形象之一。

笠屐幽野苏轼砚

吴之璠（fán）款《王乔飞舄（xì）图》竹雕笔筒

清代
高15.8cm　口径9.7～10.3cm
1962年张昱龙捐赠

此笔筒直圆筒腹,形不规则。筒壁浮雕《王乔飞舄图》,图中一赤脚仙人休憩于水边,一手撑于地面,一手持履,袒露上身,衣衫垂落,微笑斜望天际。其身后有一筐,内满堆寿桃、灵芝等仙药。仙人目之所向,云雾间振翅翱翔一舄。笔筒背面阴刻草书"紞紞（dǎn）五鼓去朝天,飞舄遥临玉陛前。不是云端占赐履,那知宫辙有神仙"。落"之璠"款。

飞舄笔筒有神仙

亦器亦趣　253

李鱓（shàn）《道骨仙风洛水神图》竹臂搁

清代
长27.8cm 宽8.7cm

此臂搁呈长条形，左右两边下曲，呈覆瓦式。正面阴刻寿石水仙图，阴刻草书题款"道骨仙风洛水神，复堂李鱓画"，阴刻篆书"李三"和"鹏"字图章，线条利索流畅。

李鱓（1686—1762年），字宗扬，号复堂，别号懊道人、墨磨人，江苏扬州兴化（今兴化市）人。清代著名画家，"扬州八怪"之一。其作品对晚清花鸟画有较大的影响。

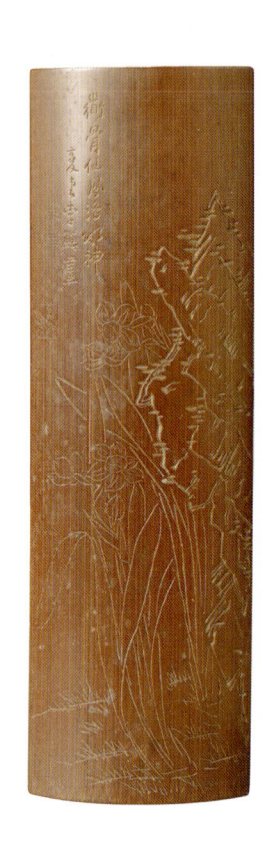

洛水神图臂搁间

丹心报国

十年风雨游书海，寒窗苦读盼题名。士人为成凤愿，赴青云，甘于屈身书斋一隅，勤读诗书。

士人以耕读传家，以小小的文房器物寄托忧心天下、读书治世的情怀与抱负。

"为人民长寿"印

清代
高3.9cm 方径5.2cm
1960年李济深家属捐赠

此印为田黄石料，方形，姜黄色，石质滋润、纯净。镂雕瓦形钮，方章四壁浮雕夔（kuí）纹。印面阴刻隶体"为人民长寿"五字。

"识字邨（cūn）农"印／"郁达夫印"

民国
高6.4cm 方径2.3cm
1960年李济深家属捐赠

这两枚印章均为兽钮寿山石印。"识字邨农"印侧面刻款："达夫先生正刻，江天"。"郁达夫印"侧面刻款："拟汉鉴印，碧如"。

郁达夫（1896—1945年），原名郁文，字达夫，浙江富阳（今杭州市富阳区）人。中国现代作家、革命烈士。其文学代表作有《沉沦》《故都的秋》等。

田黄印石愿民安

识字村农报国心

亦器亦趣

仰俯天地

人虽于室内览古籍，挥毫泼墨绘丹青，但心性却是无拘无束的。兰亭雅集虽为一隅，却留下了俯仰一世的感慨。唯有把生活的琐碎化为诗词歌赋，随不受阻束的精神而驰骋不倦，方能寻得旷世的豁达。

文人不同的人生抉择，基于不同的人生观，但最终都指向追随本心。

宇宙浩渺，然生年却不足百载。愿以雅志寄高云，不负人生路。

凌云纹端砚

清代
长28.8cm　宽12.8cm　厚3.5cm

此砚以端石原料为砚体，仅在正面上端、侧面边缘依势浅雕流云纹，云纹回转、起伏，形成高低错落之势。砚额有一石活眼，甚是难得，与纹饰浑然一体，寓意回望志在凌云。

古人以凌云志，指代志向的高远。《汉书·扬雄传》："往时武帝好神仙，相如上《大人赋》，欲以风，帝反缥缥有陵（凌）云之志。"大丈夫登凌云之巅，树凌云之志，书生敢为天下先。

砚上凌云志心间

单眼端石平板砚

清代
长25.4cm　宽15.4cm　厚3.8cm

　　此砚为长方体端砚，砚额中部有一石眼，受墨处微微下凹，浑然天成。
　　平板砚是一种特殊的砚式，其砚面不开砚池，呈平面状的砚台，通常作长方形，也有作圆形、椭圆形或不规则形的。平板砚可为镇纸，可为臂搁，亦能作茶盘、壶承、盖置、香插、摆台，闲暇之余，可赏可玩，随心随性。

砚中石眼藏幽韵

结语

　　玩物见心，书房里每日静默以对的文房用具，亦是古代文人格物致知、陶情养气的终生良伴。身处书斋，远离尘嚣，有卷册满目，墨香盈盈，士人伏案修身，以乐观之心态，娴雅之情趣，寄情于物，以物养趣。如今，古物不常有，但雅趣犹在。观赏古代文房用具展览，我们从中品味、欣赏文玩之趣，似乎还能闻到跨越时空从古代书房飘来的古墨书香。

万卷·书生
——馆藏古籍陈列

　　一枚甲片、一只铜鼎、一方石碑、一册简牍、一卷绢帛、一沓纸张……因为承载文字和图像而厚重，因为传播思想与精神而不凡，它们娓娓诉说着中华文献的源远流长。从刀削笔录到刊刻印刷，从甲骨文的敦厚天然到雕版的清丽工整，从宋元的精秀到晚清的多元，中华古籍的形态不

断演化,内容精彩纷呈,始终不变的,是蕴藏其中古朴凝重与端庄雅致的审美追求,是"究天人之际,通古今之变,成一家之言"的著述理想,是中华文化的恢宏气韵。

广西博物馆收藏有万卷古籍,其中不乏珍本善本,琳琅满目,书韵飘香。万卷古籍择精呈现,穿越时光,漫游书海,让我们一起来见证书卷之发展传承,感受书香书韵之美不胜收。

第一部分
书海之源

中国书籍的源头因古史渺茫而难知究竟，只能循着大量出土的甲骨文追溯到公元前14世纪的殷商时期。从早期刻画于甲骨金石的形态发展至书写于竹简、木牍、缣（jiān）帛、纸张，中国书籍历史延续千年，形成了内涵丰富、包蕴万千的书籍文化。其中，古籍的传承对于中国传统文化的保存、传播和利用意义非凡。

广西自秦汉以来，与中原及周边地区的交往逐渐增多，书籍也以其早期形制在此萌芽发展。而后，在漫长的历史长河中，著书立说、刻印出版、收藏整理等事项持续不断，绵延至今。

书籍的起源和萌芽

商周时期是目前我国最早有文字记载的历史时期。早期的文字载体有甲骨、金石和竹木，随着龟册和简牍的出现，原始的图书呈现萌芽状态。先秦时期，正式的书籍产生，简牍和帛书构成中国书籍的雏形。广西在西汉时期，就有使用简牍。

从甲骨文、金石文到简牍、帛书、纸书，中国书籍文化源远流长，在穿越历史、书写文明的漫长岁月中，中国书籍由涓涓细流汇成汪洋大海。

石印甲骨启新篇

《铁云藏龟》

清代　刘鹗辑

此书为清光绪二十九年（1903年）刘鹗抱残守缺斋石印本，是中国第一部甲骨文资料汇编，共六册。刘鹗从其所藏商代5000余片刻辞甲骨中精选千余片，石印此书，使甲骨文由只供少数人在书斋里观赏的古董，变为可以研究的珍贵史料。

刘鹗（1857—1909年），谱名震远，原名孟鹏，字云抟（tuán）、公约、铁云，号老残，署名鸿都百炼生，江苏丹徒（今镇江市）人。清末小说家、金石学家。

石刻之祖秦石鼓

秦石鼓文拓片

清代

石鼓文是先秦时期的刻石文字，也是中国现存最早的石刻文字，世称"石刻之祖"，因其刻石外形似鼓而得名。

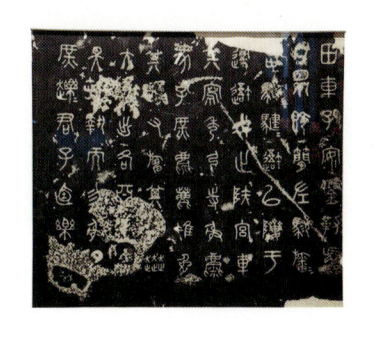

秦石鼓共十块，每块石鼓刻四言诗一首，计718字。刻文内容为当时贵族畋（tián）猎游乐生活，因此也称为"猎碣（jié）"。

此拓片为"田车"石鼓文，歌颂了公元前324年秦惠文王使张仪取陕打开东扩要道之事。

万卷·书生

"从器志"木牍

西汉
广西贵港罗泊湾1号墓出土

在纸张发明以前，中国的书籍主要采用竹木和缣（jiān）帛书写而成。其中，简牍是此时最具代表性的书籍形制。

"从器志"是开列随葬品的遣策，杉木制，正背面墨书文字，字体为秦汉之际通用的隶书。木牍正面五栏、背面三栏文字，全牍共372字，记录了随葬的70余种物品，包括衣、食、用、文具、乐器、兵器等项。它是广西已知最早以"志"命名的文献实例，在广西书籍发展史上具有重要意义。

错红铜龙虎纹漆鞘铜削

西汉
广西贵港风流岭31号墓出土

铜削配髹（xiū）黑漆，口部饰一道朱漆弦纹的鞘。削身采用错红铜工艺，一面饰虎纹，一面饰龙纹，均饰勾云纹。削在先秦两汉时期是一种常见文具，做"书刀"之用，用以修改简牍上的错讹。

小事大情书简牍

书籍的发展和繁荣

唐宋以来，经济文化的繁荣发展，纸张的普及应用和印刷技术的发明改进，使得文献典籍得以大量生产和广泛流通。及至明清，出版印刷事业全面发展，官刻、坊刻与私刻呈现高度商业化。清末，随着西风东渐，大量的西学著作得到翻译出版，西方的印刷技术传入中国，中国书籍的发展进入近代化时期。

北宋时，雕版印刷工艺和活字印刷术传入广西，广西出现官府出资雇请工匠雕版刻印的书籍。桂林成为广西的刻印中心。南宋时，雕版印书业地域分布发展到柳州、容州（今容县）、象州等交通便利，经济、文化基础较好的地区。明清时期，雕版印书业日益繁荣，刻书区域几乎遍及全广西。

［嘉庆］《广西通志》

清代　谢启昆总裁　清代　胡虔编纂
光绪十七年（1891年）桂垣（yuán）书局补刊本

国史郡志家有谱

谢启昆（1737—1802年），江西南康（今赣州）人。官至广西巡抚，政绩卓著，深得民心。治学有方，擅著述。他于嘉庆四年（1799年）抵桂林赴任，次年开设通志局，重修《广西通志》。嘉庆六年（1801年），《广西通志》修成，因体例新颖，取材广泛，被学者推为"省志楷模"。

中国古代一直秉承"国有史，郡有志，家有谱"的传统。正史记王朝兴替，方志为郡县资政，家谱载家族传世，这些官私并修的历史典籍，从中央朝廷到地方郡县，从天潢贵胄（zhòu）到闾（lǘ）阎百姓，相辅相成，把国家、社会、家族乃至个人的兴衰荣辱紧紧串联在一起，共同构成了中华民族历史的三大基柱，留存了中华民族共有的家国记忆，传承了中华民族的优秀文化传统。

万卷·书生　263

第二部分
书装之美

中国古典书籍艺术有着悠久的历史传统和深厚的文化底蕴,不仅追求内容的精湛,同时探寻品相的精良,可谓内外兼修、神形兼备。无论是手抄笔录,还是雕版活字;无论是版式、封面、装订,还是校勘、书法、镌工、用纸、用墨,各朝各代,伴随着文化与技术的发展,书籍的生产、装帧演化出丰富多元的形式,或隽秀典雅,或浑厚苍劲,或率性自然,皆体现出独具中华特色的"天人合一""虚实结合"的美学理念。

古籍的生产

中国古籍的生产方式,以手工传抄和印刷为主。在手工抄写时代,图书生产能力低下,传抄过程中容易出错,而且传播范围十分有限。印刷术的发明和运用具有划时代的意义,它推动书籍生产进入一个崭新的阶段,使书籍生产走上了规模复制的道路,大大提高了书籍生产的效率。书籍得到更广泛的流通和传播,中华民族灿烂的文化依托书籍得到发扬和传承。

《永福唐氏族谱》

清代　唐牧增订
清光绪抄本

抄本指按原书抄写而成的书本。在刻版印书尚未出现和普及以前，图书流行，大多只靠传抄。宋代以后，雕版印书盛行，但一些较专门的、读者需求不大的或篇幅太大难以刻印的书籍，仍靠传抄流通、保存。

此书是广西永福唐氏的族谱，不分卷。

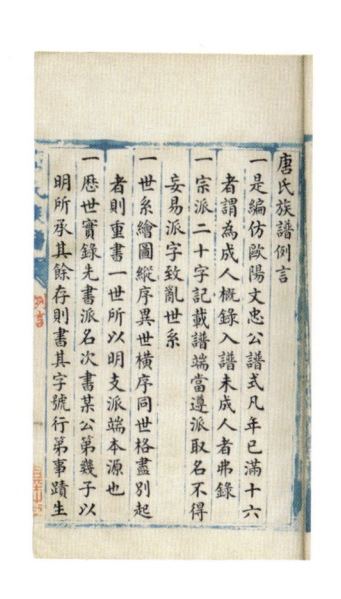

龙有森会殿试试卷雕版

清代

刻本为雕版印本的简称，指雕刻木板，制成阳文反字印版，而后敷墨覆纸刷印而成的书本。

龙有森（1837—1896年），后改名龙朝言，字子敷，号小村，广西临桂（今桂林）人，出生于桂林著名的书香门第龙氏家族。同治六年（1867年）丁卯科乡试中举人，光绪二年（1876年）丙子恩科中进士，入翰林院为庶吉士。辞官回到桂林后，任桂林经古书院山长。

传抄族谱续今缘

书香龙氏雕版卷

分色套印技革新

《御选唐宋文醇》

清代　高宗弘历辑
清乾隆三年（1738年）
武英殿刻四色套印本

套印本为套色或套版印成的书本，包括套色印本和套版印本两种。早期为一版分色套印，元代以后发展成两版或多版分色套印。

多色套印是将图书的不同内容各刻一版，然后用不同颜色依次加印在一起的一种印刷技术，发端于宋辽，鼎盛于明代，沿用至今。套印的产生标志着雕版印刷技术的重大进步，是雕版印刷史上的重大事件之一。

此书在《唐宋十大家全集录》基础上选编而成，集中了数代文人的评跋，加上皇帝御笔，在清代颇为流行，成为极具影响的唐宋散文选本。正文用墨色，康熙御评以黄色书于篇首，乾隆御评以朱色书于篇后，前人有所发明的评跋及可资考证的相关人物姓名事迹，则各以紫色、绿色分别系于篇末。全书色彩斑斓，为乾隆时期殿版套印书籍中的佳品。

小知识：活字印刷

　　北宋时期，毕昇（shēng）发明活字印刷术，采用胶泥活字印刷，大大加快了印书速度，降低了印制成本。元代，王祯改进了毕昇的固版技术，创制木活字，写成《造活字印书法》，同时发明了便于检索的转轮排字盘，从而奠定了木活字在中国古代活字印刷史上的主流地位。约在宋元之际，金属活字开始试制，但由于造价昂贵、实用性不佳等原因，直到明代中后期才大量使用。活字印刷是印刷史上的伟大革命，开辟了印刷术的新纪元。

章实斋先生原定《湖北通志》

清代　章学诚撰

清光绪八年（1882年）武昌官书处木活字本

活字本是活字印本的简称，是选用单体活字，按照书的内容，摆成印版，敷墨覆纸印成的书本。按照活字制作材料的不同，分为泥、木、铜、锡、铅活字等。

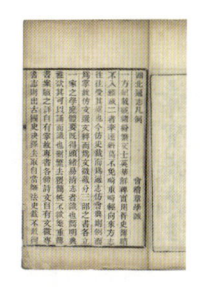

章学诚（1738—1801年），字实斋，号少岩，浙江会稽（今绍兴）人。乾隆五十七年（1792年），应湖广总督毕沅之请，撰修《湖北通志》。全书体例为章学诚所创三书体，分志、掌故、文征三部分。此书是其方志理论成熟阶段的代表作。

《武英殿聚珍版书》

清光绪二十五年（1899年）广雅书局刻本

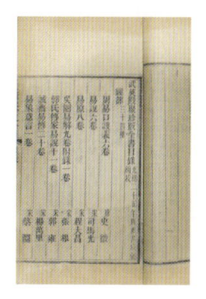

《武英殿聚珍版书》为清乾隆时辑，收书138种，大部分是从《永乐大典》中辑出的宋元著作，用武英殿木活字排版，称"聚珍版"。此为广雅书局翻刻本，仅有"聚珍"之名，并无"聚珍"之实。

广雅书局建立于清光绪十三年（1887年），由两广总督张之洞筹建创立，是清代广东规模最大、最著名的一所官刻书局。

活字开辟新纪元

万卷·书生　267

近代出版公为先

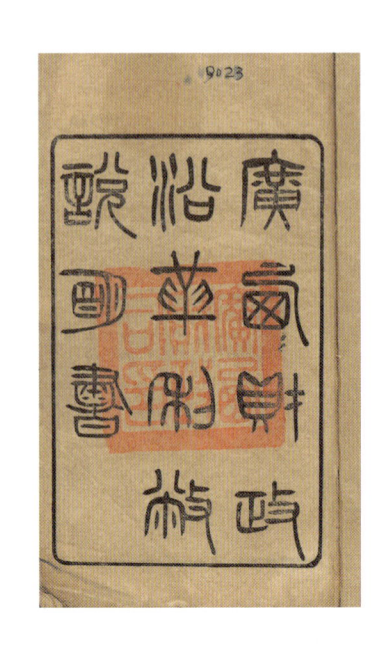

《广西财政沿革利弊说明书》

清代 胡铭槃（pán）等鉴定 　清代 　唐铠等编辑
清宣统二年（1910年）广西官书局铅印本

　　清光绪三十二年（1906年）九月，广西巡抚林绍年、布政使张鸣岐、署理提学使李翰芬等在桂林创办广西官书局。

　　广西官书局是广西最早具有现代印刷设备的颇具规模的印刷厂，为广西出版业的发展奠定了良好的基础。

小知识：铅印本和石印本

　　铅印本指用新法铅字印刷的书。
　　石印本指用石材制版印刷的书。
　　清代，随着西方先进印刷设备和技术的输入，中国相继产生了一批以出版印刷新学图书为主的铅印和石印书局，著名的主要有申报馆附设的书局、点石斋石印书局、同文书局和蜚英馆等。

古籍的插图

雕版印刷技术出现之前,书籍主要靠抄写传播,插图也主要由画家直接描绘在书本上。随着印刷术的发明和纸张的广泛应用,有插图的书籍逐渐增多。唐宋时期,大量以佛教内容为主的插图反映出版刻插图艺术取得了长足的进步。宋元时期,随着书籍内容的不断开拓,插画的题材也扩展到戏曲、小说、工技、医药、农艺等领域。明代是插图版画的黄金时代,书籍的插图艺术达到非常高的水平,彩色套印技术开始广泛应用于书籍出版。

金石著作代代传

《泊如斋重修宣和博古图录》

宋代　王黼(fǔ)等撰
明万历十六年(1588年)泊如斋刻本

《宣和博古图录》成书于宋徽宗宣和年间,由王黼等人撰画,为古代金石学著作,是皇室官修的青铜器图录。《泊如斋重修宣和博古图录》是明代泊如斋重刻本。

泊如斋是明万历年间安徽歙(shè)县人吴养春的家刻堂号,是徽州府历时最久的家刻之一,其后人至清康熙、乾隆后仍在刻书,名扬海内。

此刻本书名页上格刊"本立堂藏板",而内页各卷标题仍是"泊如斋"，应是这套书版后为本立堂所得，改刻书名页后继续刊行。书名页下格右行刊"丁南羽、吴左千绘图"。

丁云鹏（1547—1628年），字南羽，号圣华居士，安徽休宁人。明代著名画家，供奉内廷十余年，善画人物，尤工佛像。他为书籍画插图，对徽州版画发展颇具影响。

吴左千，生卒年不详，一名廷羽，字左千，安徽歙县人。明代画家。

《离骚图》

明末清初　萧云从绘　汤复刻本

《离骚图》取材于先秦伟大诗人屈原的文学作品《离骚》，是画家萧云从与版刻名手汤复合作的成果。生活于明末清初的萧云从，是位关心国家命运、富于民族气节的画家，他对《离骚》的精神有着深刻的理解，产生了强烈的共鸣，融入独创性的见解及丰富的想象力，为《离骚》创作了精彩的插图。插图与版刻相得益彰，作品精绝，很受欢迎。

萧云从（1596—1673年），字尺木，号于湖老人、无闷道人、默思，安徽芜湖人。明末清初著名画家，姑孰画派创始人。汤复，生卒年不详，推测应为萧云从同时代人。

名家联手创佳作

「通考」农书耀清世

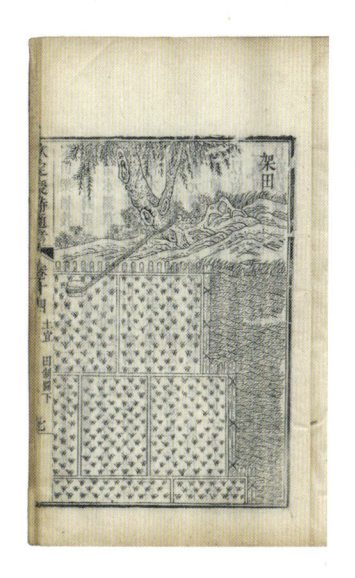

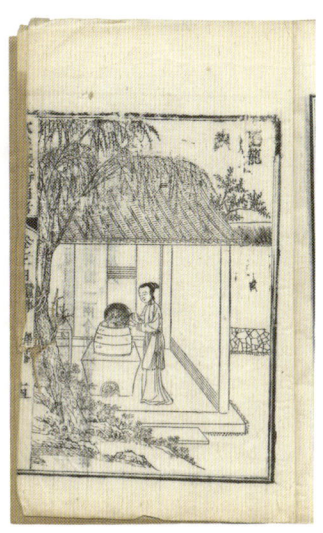

《钦定授时通考》

清代 鄂尔泰、张廷玉总裁
清刻本

  此书是清朝第一部大型官修综合性农书,共78卷,约98万字,是我国古农书集大成之作。其插图是典型的殿版版画风格,绘刻极为细致工整,有的图还富有生活情趣。图旁附有简短的说明,不仅说明制作和功能等,还有诗情画意的描述。

第三部分
书香桂影

古籍，从落笔到成书再到流传，编著者不同，传播者各异，翻阅者有别，跨越漫长的岁月，便也有了千百种解读。于当下而言，古籍的书页纸张可能已经斑驳老旧甚至残破不堪，一些内容和观点也显得陈旧落后，但其经由岁月沉淀的思想和内容，是对于所在时代的记录和见证，更是对于未来的借鉴和启示。

古籍中的广西，便是如此，可见的，并非其全貌，但通过隐藏在字里行间的影踪，可以从多重角度去探寻这片土地的过往，其中的是非功过，长短得失，历史自有评说。

风土民情

中国有修史的传统，无论是官方编纂的地理方志，还是私人撰写的笔记野史，都保存了丰富的地方史料。透过古籍去看历史中广西的风土民情，可以找到许多如今少见或已消失的古老风俗的踪影。书中所述，有亲历见闻，也有道听途说；有客观记叙，也有臆造杜撰。后人在去伪存真、去粗取精，继承优良文化传统和风俗习惯的同时，当坚定文化自信，增强文化自觉，继往开来。

桂地见闻集大成

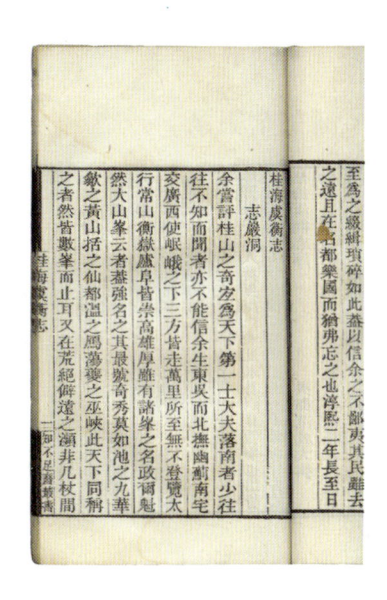

《桂海虞衡志》

宋代　范成大撰

清康熙七年（1668年）新安汪氏据古今逸史刊版重编印本

"桂海"指广西，"虞衡"本为周代管理山泽的官名，书名犹言记录管理广西时之见闻。此书原文是南宋范成大撰写，记载了宋代广西的地理、特产、动植物及民情风俗等，具有极高的史料价值。此书全本在明嘉靖以前已丢失，后流传各版本，均非全本。

范成大（1126—1193年），字至能，一字幼元，早年自号此山居士，晚号石湖居士，平江府吴县（今江苏苏州）人。曾任广西地方长官。

风流人物

在历史的长河中，用笔记录广西的不乏其人。他们或是生长于此，或是旅居到此，或是从未踏足；他们或是在这里终老，或是仅留下踪迹芳名；他们或是站在客观的角度，或是带着猎奇的目光。无论字里行间流露出的是得意、失落、欢喜还是悲伤，翻开书卷可知，广西在他们的笔下，曾经是这样的；他们在广西的岁月，曾经是这样的。

《河东全集录》

唐代　柳宗元撰
清光绪八年（1882年）江苏书局刻本

　　自古以来许多人因被贬、仕宦、旅行、避难等原因来到广西，他们以特有的视角将其见闻观感述诸笔端。

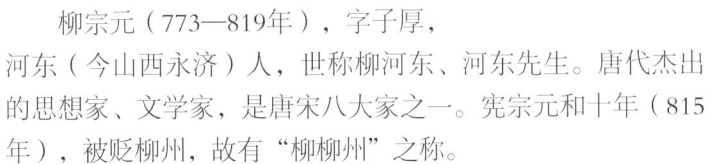

　　柳宗元（773—819年），字子厚，河东（今山西永济）人，世称柳河东、河东先生。唐代杰出的思想家、文学家，是唐宋八大家之一。宪宗元和十年（815年），被贬柳州，故有"柳柳州"之称。

唐宋八家柳柳州

《李义山诗集》

唐代　李商隐撰
清同治九年（1870年）广州倅署刻本

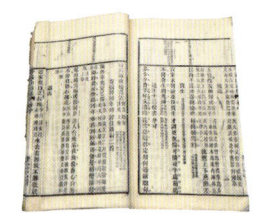

　　李商隐（约813—约858年），字义山，号玉谿生，怀州河内（今河南沁阳）人。晚唐时期著名诗人，其诗各体俱有佳作，七言律诗的造诣更是上追杜甫而独步晚唐。

　　唐宣宗大中元年（847年），李商隐因牛李党争被排挤，而赴桂林任幕僚。大中二年（848年）三四月间离开桂林北归。

义山独步耀晚唐

《苏文忠公诗集》

宋代　苏轼撰　清代　纪昀（yún）评点
清同治八年（1869年）蕴玉山房朱墨刻套印本

苏轼（1037—1101年），字子瞻，号东坡居士，眉州眉山（今属四川）人。北宋著名文学家、书画家。

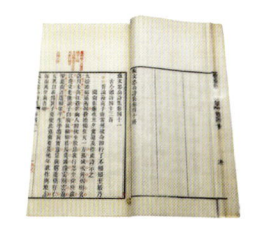

苏轼曾因"元祐党祸"被贬，两次途经广西。一次是北宋绍圣四年（1097年），苏轼由原贬谪地惠州再贬儋（dān）州。当时他的弟弟苏辙也被贬雷州，两人在藤州（今广西藤县）相遇。另一次是北宋元符三年（1100年）遇赦内迁廉州（今广西合浦），到广西境内后，又得安置永州的命令。苏轼在广西到过廉州、藤州、白州（今广西博白）、郁林州（今广西玉林）、梧州等地。

《重刻蒋文定公湘皋集》

明代　蒋冕撰　清代　俞廷举重编
清一园刻本

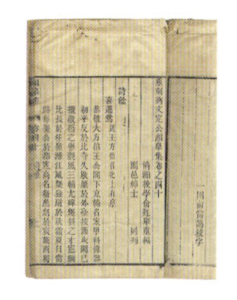

《湘皋集》收录蒋冕所撰文、诗和词，其中诏令、奏议等政论文约占全书篇幅的三分之一，涉及明代正德、嘉靖两朝的许多重大事件，可资考史；诗词体裁和题材皆丰富多样。

蒋冕（1462—1532年），字敬之，号湘皋，广西全州人。明成化二十三年（1487年）中进士，选庶吉士。后为翰林院编修，正德年间累官户部尚书，与其兄蒋昇（biàn）有"兄弟尚书"的美誉。谥号"文定"。

诗墨留芳东坡行　　兄弟尚书传美誉

万卷·书生　275

霞客游记遍九州 月沧手札载文道

《霞客游记》

明代 徐宏祖撰 清代 叶廷甲辑
清光绪七年（1881年）铅印本

徐宏祖（1587—1641年），字振之，号霞客，江苏江阴人。明末地理学家、旅行家，一生游历30余年，足迹遍及大半个中国。所著《徐霞客游记》影响深远，其中，记叙游历广西的《粤西游日记》是现存内容中的重要部分，达20余万字。徐霞客在广西游历近一年，日记甚为详尽，内容丰富，除了行程和山水胜景，风俗人情、物产、物价、衣饰等皆有涉及。

吕璜手札

清代

吕璜（1777—1838年），字礼北，号月沧，晚年自号南郭老民，广西永福人。嘉庆十六年（1811年）进士，嘉庆、道光年间广西著名的古文家、"岭西五家"的首倡者。

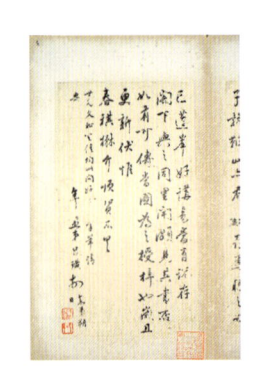

小知识：岭西五家

　　清中期，一支影响颇大的古文流派崛起，因其代表人物方苞、刘大櫆（yuè）、姚鼐（nài）等都是安徽桐城人，故名"桐城派"。桐城派以其文统的源远流长、文论的博大精深、著述的丰厚清正而闻名，在中国古代文学史上占有显赫地位。晚清时，桐城派在岭南落地生根。

　　广西的吕璜、朱琦、王拯、龙启瑞、彭昱尧并称"岭西五家"，五人均为当时广西一流的文人，在全国也有一定影响。在他们的倡导及影响下，桐城派古文在广西得以发扬光大，开近代广西文学鼎盛新局面。

芙蓉池馆咏山水

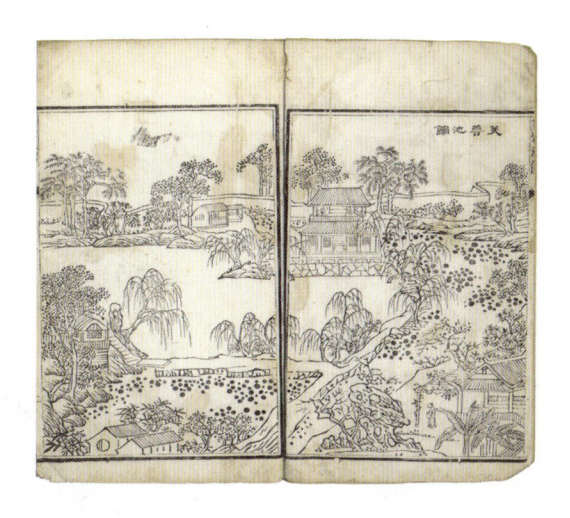

《芙蓉池馆诗草》

清代　罗辰著

清道光十一年（1831年）刻本

罗辰（1770—1844年），号星桥，广西临桂（今桂林）人，其诗、画、书法被时人称为"漓江三绝"。在桂林榕湖南畔建"芙蓉池馆"作画写诗。

此书为罗辰个人诗赋集，收录诗词、赋文300多篇，以写景记游为主，尤其多吟咏桂林山水之作。

陈瀛（yíng）藻《百景诗笺》雕版

清代　孙㷉（yùn）撰　陈瀛藻绘
清同治九年（1870年）刻本

　　《百景诗笺》是目前发现的广西文人笺谱绘印文献的唯一遗存品，为清代孙㷉撰，陈瀛藻绘。书中收录100首孙㷉写景绝句，陈瀛藻为每首诗配一幅画，画面分别用朱、紫、绿三色彩墨制笺印行。

　　陈瀛藻，字伯曼，一字赓鱼，号象九，一作湘九，广西临桂（今桂林）人。同治举人。清代画家，工山水，得王时敏法，苍润秀逸。

三彩诗图映桂天

郑公著书传经学

《愚一录》

清代　郑献甫著

清光绪二年（1876年）黔南刻本

　　此书是郑献甫读书札记的结集，共12卷，书名取自古训"智者千虑必有一失，愚者千虑必有一得"，是集中反映作者经学思想及成就的代表著作。

　　郑献甫（1801—1872年），字献甫，别字小谷，自号识字耕田夫，广西象州人，壮族。道光十五年（1835年）进士，官刑部主事。先后在广西榕湖书院、秀峰书院、柳江书院，广东越华书院主讲，为晚清经学家、文学家、教育家，被誉为"两粤宗师"。

味梨集里寄沉哀

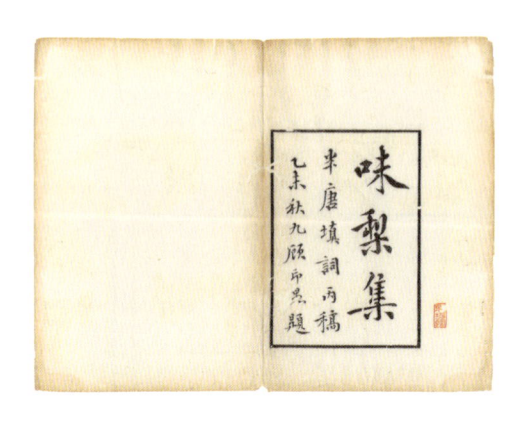

《味梨集》

清代　王鹏运撰
清光绪二十一年（1895年）临桂王鹏运刻本

此书为词集，收入王鹏运甲午战争前后的作品，表达了他对顽固保守的清政权的愤懑和对中日战争中国家失败的沉痛之情。

自跋中言："蒙庄有言：檀梨橘柚味各不同而皆适于口，然梨之为味也，外甜而心酸。此则区区名集之意云。"是集以"味梨"名之，乃以喻集内篇什"外甜而心酸"之思想情绪。

王鹏运（1849—1904年），字幼霞，自号半塘老人、半僧等，广西临桂（今桂林）人。同治举人，官至礼科给事中。他为人耿直敢言，关心时事，一生最著事业在于词学，是"临桂词派"的创始人，晚清四大词人之一。

风云往昔

流传至今的古籍是研究古代历史的基本文献史料，虽然其内容往往受作者的立场、学识、眼界等影响而有一定的局限性，但它们向后人展示了历史发展的进程及各个侧面。那些记载在书卷中的发生在广西的历史事件和人物活动，无论是在风雨飘摇中苦苦挣扎的南明王朝，轰轰烈烈、震惊中外的太平天国运动，还是"中国不败而败"的中法战争，依然历历在目，后人须铭记历史，以史为鉴，开创未来。

> **小知识：南明政权**
>
> 　　明崇祯十七年（1644年），李自成攻陷北京，崇祯帝自缢身亡，明朝灭亡。明朝在南方的宗室先后建立政权。清顺治三年（1646年），明两广总督丁魁楚、广西巡抚瞿式耜（sì）等拥戴桂王朱由榔于肇（zhào）庆称帝，以次年为永历元年。桂王政权内部矛盾尖锐，腐败不堪，在清军的围攻下，最终于永历十五年（1661年）灭亡。

请缨出征书战迹

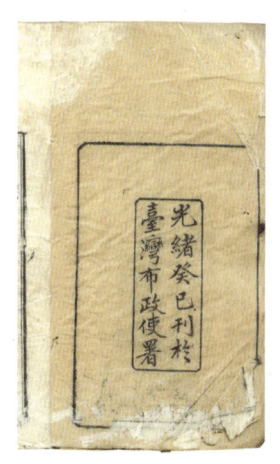

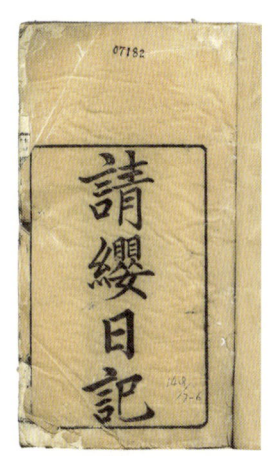

《请缨日记》

清代　唐景崧（sōng）撰
清光绪十九年（1893年）台湾布政使署刻本

　　唐景崧（1841—1903年），字维卿，号南注生，广西灌阳人。同治四年（1865年）进士，后授吏部主事。光绪八年（1882年），法国入侵越南，唐景崧上书请缨出征。光绪九年，中法战争爆发，唐景崧率领景字营投身战斗，给予法军一定打击。光绪十一年，中法停战协定签署，唐景崧结束两年半的"请缨"生涯。光绪十七年迁台湾布政使，光绪二十年署理台湾巡抚。

　　此书是一部战时日记回忆录，主要记述唐景崧在越南协助刘永福抗击法军等事迹，并收录有关谕旨、电报及往来函件等，是研究中法战争的重要参考资料。

第四部分
书卷之传

古籍是中华文明的重要载体，是中华民族宝贵的物质和精神财富，是中国历代人民智慧的结晶。古往今来，无数志士仁人在书山学海中受到优秀传统思想文化的滋养和熏陶。历代不同的藏书机构和藏书家坚持不懈，致力于古籍的保存、传播和完善。新时代，我们在传承与创新中推进古籍事业高质量发展，保护中华民族文化的精髓，弘扬民族精神，促进文化传承，以造福子孙后代。

古籍收藏

中国具有悠久的藏书传统和厚重的藏书文化，在漫长的历史发展过程中，形成了既各有传承，又相互影响的藏书体系。虽然中国历代藏书在几千年间经历了聚而散、散而聚甚至散佚无存的过程，但藏书机构和藏书家不断丰富藏书活动的内容和形式，殊途同归，保护了中华民族的文化遗产，推动了中华民族的知识积累、文献传承和文化传播。

中国古代藏书四大体系

官府藏书——稽古崇文，用以修齐治平。
私家藏书——聚稀集珍，希冀流芳百世。
书院藏书——授业解惑，功在传道育人。
宗教藏书——卷帙浩繁，寻觅法海真源。

中国古代藏书家

中国历代藏书家，或为贵胄（zhòu），或为官吏，或为文人，或为商贾，或为布衣……他们以书为伴，流芳千古。众多古籍能流传至今，历代藏书家功不可没。

广西博物馆古籍中的印章

古籍传承

古籍事业在延续、传承和弘扬中华文脉与民族精神中扮演着中流砥柱的角色。新时代，古籍工作进入新的历史发展阶段，焕发出新的生机与活力。古籍工作者愿为中华文化旷野的"守夜人"，为后来者递上一盏灯，使灯火相传，永不熄灭。

结语

广西博物馆所藏古籍文献仅是浩如烟海的中国古籍中的沧海一粟，虽称不上蔚为大观，但也是书盈四壁，书香流溢。愿您由此出发，书山执杖，书海扬帆。

中国古籍卷帙浩繁，洋洋大观，包罗万象，推动着中华民族的文明生生不息，中华民族的文化绵延不绝，中华民族的精神百世不磨。

万卷·书生——老去的是书页，褪色的是文字，不灭的是精神。

生字词注音释义

顺序	生字词	释义
A	鞍韂（ān jiàn）	鞍子和托鞍的垫子。
B	鞴（bèi）	装备车马。
	篦（bì）	篦子，一种密齿的梳头用具。
	昪（biàn）	〈书〉日光明亮。
	钵（bō）	1.形状像盆而较小的一种陶制器具，用来盛饭、菜、茶水等。2.僧侣所用的食具，像碗，底平，口略小。
	擘（bò）	大拇指。多音字，读（bāi）时同"掰"，用手把东西分开或折断。
C	锸（chā）	松土、挖土的工具。
	昶（chǎng）	1.白天时间长。2.舒畅；畅通。
	螭（chī）	古代传说中没有角的龙。古代建筑或工艺品上常用它的形状做装饰。
	杵（chǔ）	1.舂米或捶衣的木棒。2.用长形的东西戳。
	攒（cuán）	1.拼凑；聚集。2.量词。用于聚集成团或成堆的东西。多音字，读（zǎn）时，积累；积蓄。
	邨（cūn）	人名用字。
	皴（cūn）	1.皮肤因受冻或受风吹而干裂。2.皮肤上积存的泥垢和脱落的表皮。3.中国画的一种技法，用淡干墨涂染以表现山石纹理、峰峦折痕及树身表皮的脉络、形态。
D	玳瑁（dài mào）	爬行动物，外形像龟，四肢呈桨状，前肢稍长，尾短小，甲壳黄褐色，有黑斑，很光润，性暴烈，吃鱼、软体动物、海藻等，生活在热带和亚热带海中。
	儋（dān）	儋州，地名，在中国海南。
	紞（dǎn）	1.古时冠冕上用来系瑱的带子。2.缝在被端用以区别上下的丝带。3.敲；击。4.击鼓声。
	珰（dāng）	1.妇女戴在耳垂上的装饰品。2.借指宦官。汉代宦官侍中、中常侍等的帽子上有黄金珰的装饰品。
	钿（diàn）	1.把金属宝石等镶嵌在器物上作装饰。2.古代一种嵌金花的首饰。多音字，也读（tián），钱，硬币。
	蜨（dié）	同"蝶"，蝴蝶的简称。
	垌（dòng）	1.田地。2.地名用字。多音字，读（tóng）时，垌冢（tóng zhǒng），地名，在湖北。
	遯（dùn）	"遁"的异体字。
E	珥（ěr）	用珠子或玉石做的耳饰。
F	矾（fán）	某些金属硫酸盐的含水结晶。有白、青、黄、黑、绛等颜色。白色为明矾，最常见，可供制革、造纸及制造染料、颜料等用。
	樊圻（fán qí）	人名，清代画家。

顺序	生字词	释义
F	璠（fán）	美玉。
	匚（fāng）	1.古代一种盛放东西的方形器物。2.量词，一斗。3.祭名。
	钫（fāng）	古代储酒器具。
	茀（fú）	1. 草木茂盛。2. 同"蔽"。多音字，读（fèi）时，组词蔽茀，形容树干树叶微小。
	幞（fú）	幞头，古代男子用的一种头巾。
	釜（fǔ）	1. 古炊具。2. 古量器名。坛形，小口大腹，有两耳。
	簠（fǔ）	古代祭祀时盛稻粱的器具。
	黼（fǔ）	古代礼服上绣的黑白相间的花纹。
G	坩埚（gān guō）	熔化金属或其他物质的器皿。
	绀（gàn）	黑里透红的颜色。
	镐（gǎo）	刨土用的工具。多音字，读（hào）时，指周朝初年的国都，在今陕西西安西南。
	句町（gōu dīng）	古地名，很可能起源于商代，位于广西、云南、贵州三省区交界处。
	钴（gǔ）	金属元素，银白色，能磁化。用于冶炼超硬耐热合金和磁性合金，也用作催化剂。
	盥（guàn）	1.洗（手、脸）。2.洗手洗脸用的器皿。
	癸（guǐ）	天干的第十位。用作顺序的第十。
	簋（guǐ）	古代盛食物的器具，多为圆口、双耳。
	椁（guǒ）	套在棺材外面的大棺材。
H	蚝蛎（háo lì）	指牡蛎。
	盉（hé）	调酒器。
	颌（hé）	构成口腔上部和下部的骨头和肌肉组织，上部的叫上颌，下部的叫下颌。
	圜（huán）	围绕。多音字，也读（yuán），同"圆"。
	翚（huī）	古书中指一种有五彩羽毛的野鸡。
	喙（huì）	1.鸟兽的嘴。2.借指人的嘴。
J	屐（jī）	1.木底鞋。2.泛指鞋。
	畿（jī）	古代称靠近国都的地方。
	羁縻（jī mí）	1.系联。2.笼络；怀柔。3.束缚；控制。4.拘禁。5.指羁縻州。
	嵴（jí）	山脊。
	戟（jǐ）	古代兵器。长柄一端装有枪尖，旁边附有月牙形锋刃，可以直刺和横击。
	跽（jì）	双膝着地，上身挺直。
	缣（jiān）	双股丝织成的细绢。

顺序	生字词	释义
J	豇（jiāng）	［豇豆］一年生草本植物。茎蔓生或矮生，花黄白或淡紫色。果实为长条形荚果，长的可达二尺，两两并垂，可供食用。
	碣（jié）	1.耸立的高石。2.圆顶的石碑。
	鹫（jiù）	一种猛禽。似鹰而大，嘴钩曲，锐目，利爪，翼大善飞。性凶猛，以鸟兽为食。常见的有秃鹫、兀鹫等。
	秬鬯（jù chàng）	用黍和香草酿的酒。
	玦（jué）	古时佩带的玉器，半环形，有缺口。
K	颏（kē）	脸的最下部分，在嘴的下面。
	袴（kù）	同"裤"。
	贶（kuàng）	1.赠给；赐予。2.指赐、赠之物。
	刲（kuī）	1.刺；杀。2.割取。
	揆（kuí）	1.估量；揣测。2.准则；道理。3.管理；掌管。
	夔（kuí）	1.传说中的山怪名。2.古人名，尧舜时的乐官。
	蘷（kuí）	古人名用字。
L	莱菔（lái fú）	萝卜。
	罍（léi）	古代一种酒器，多用青铜或陶制成。口小，腹深，有圈足和盖。
	俚僚（lǐ liáo）	是岭南地区壮侗语族少数民族的先民。
	醴（lǐ）	1.甜酒。2.甘甜的泉水。
	奁（lián）	古代妇女梳妆用的镜匣。
	棂（líng）	旧时窗门上雕有花纹的格子。
	翎（líng）	1.鸟翅和尾上的长羽毛。2.箭羽。
	簏（lù）	古代的一种竹匣。
	闾（lǘ）	1.里巷的大门。2.古代户籍编制单位。周代以二十五家为一闾。3.里巷；邻里。4.姓。
M	卯（mǎo）	1.地支的第四位。2.卯时，旧式记时法，相当于五点到七点。3.木器部件接连的地方，凸起的部分叫榫（sǔn）头；插入榫头的凹进部分叫卯眼。
	懋（mào）	1.勤勉。2.盛大。
	袂（mèi）	衣袖。
	缪（miào）	姓。多音字，读（miù）时，错误；读（móu）时，缠绕；缠绵。
	篾（miè）	竹子劈成的薄片，也泛指苇子或高粱秆上劈下的皮。
	缗（mín）	1.古代穿铜钱的绳子。2.量词。一千文铜钱穿成一串叫一缗。
	谟（mó）	谋略；计策。
N	鼐（nài）	大鼎。

顺序	生字词	释义
N	铙（náo）	1.铜质圆形的打击乐器，像钹。2.古代军中乐器，像铃铛，但中间没有舌。
	坭（ní）	地名用字。
	弩（nǔ）	一种利用机械力量射箭的弓。
P	俳（pái）	1.古代指滑稽戏，也指演滑稽戏的艺人。2.诙谐；滑稽。
	番（pān）	地名用字。多音字，读（fān）时：1.指外国或外族。2.轮换。3.量词。相当于"种""样"。4.相当于"回""次"。
	槃（pán）	1.古代盥洗用的木盘。也泛指盘子。2.[涅槃]佛教用语。指幻想中的没有烦恼、超脱生死的境界，也用作死亡的代称。
	蟠（pán）	1.曲折；环绕。2.弯曲。
	蟠螭（pán chī）	蟠螭是龙属的蛇状神怪之物，是一种无角的早期龙，对蟠螭也有两种说法，一种是指黄色的无角龙，另一种是指雌性的龙。
	蟠虺（pán huǐ）	青铜器纹饰的一种，以蟠曲的小蛇的形象，构成几何图形。
	匏（páo）	匏瓜，一年生草本植物，葫芦的变种。果实老熟后对半剖开，可做瓢。
	铺（pū）	把东西展开或摊平。多音字，读（pù）时：1.商店。2.床铺。3.古代传递公文或信件的驿站（现在多用于地名）。
Q	岐（qí）	岐山，山名，又地名，都在陕西。也作姓。
	钤（qián）	1.图章。2.盖印章。
	戗（qiàng）	1.填。2.支撑；支持。多音字，也读（qiāng）：1.方向相对；逆。2.（言语）冲突。
	磬（qìng）	1.古代打击乐器，形状像曲尺，用玉、石制成，可悬挂。2.佛寺中使用的一种钵状物，用铜铁铸成，既可作念经时的打击乐器，亦可敲响集合寺众。3.缢杀。4.古同"罄"，空、尽。
	銎（qióng）	斧子上安柄的孔。
	桊（quān）	曲木制成的饮具。多音字，读（juàn）时，古同"桊"，牛鼻环。
	囷（qūn）	古代一种圆形谷仓。
R	讱（rèn）	言语谨慎。
	襦（rú）	短衣；短袄。
S	鱓（shàn）	同"鳝"，黄鳝。形状像蛇，有暗色斑点，光滑无鳞。栖息池塘、小河、稻田的泥洞或石缝中。肉可以吃。
	觞（shāng）	盛满酒的酒杯。也泛指酒器。
	歙（shè）	歙县，地名。在安徽南部。以产徽墨、歙砚著名。多音字，读（xī）时，意为吸气。
	砷（shēn）	非金属元素，符号As。有黄、灰、黑褐三种同素异形体，有毒。砷的化合物可染染料、杀虫剂，也可用于医疗。旧称砒。
	哂（shěn）	1.微笑。2.讥笑。
	谌（shèn）	姓。多音字，读（chén）时：1.相信。2.姓。

顺序	生字词	释义
S	昇（shēng）	人名用字。
	黍（shǔ）	黍子，一年生草本植物，叶子线形，籽实淡黄色，去皮后称黄米，比小米稍大，煮熟后有黏性。
	黍稷（shǔ jì）	黍和稷。为古代主要农作物。亦泛指五谷。
	耜（sì）	古代农具耒下端铲土的部分，像后来的铧，起先把木削成三角尖形充当，后来以铁为之。
	崧（sōng）	1.同"嵩"。2.地名用字。
T	斄（tái）	古地名，在今陕西武功。多音字，读（lí）时：1.硬而鬈曲的毛，可以絮衣服。2.牦牛。
	镗锣（tāng luó）	一种乐器。直径约两三寸的铜盘，旁边穿两个孔眼扣结绳子，一手提着，一手用木板敲打发声。
	饕餮（tāo tiè）	中国古代神话传说中的一种凶恶贪食的野兽，四大凶兽之一。古代鼎彝等铜器上面常用它的头部形状做装饰，叫作饕餮纹。
	畋（tián）	1.平田；耕种。2.打猎。
	抟（tuán）	1.捏聚成团。2.盘旋。
W	庑（wǔ）	1.堂下周围的屋子。2.堂下左右的屋子。3.堂下四周的走廊。
X	玺（xǐ）	印。自秦后专指帝王的印章。
	舄（xì）	泛指鞋。
	暹（xiān）	[暹罗] 泰国的旧称。
	飨（xiǎng）	用酒食款待人，泛指请人享受。
	楔（xiē）	填充器物的空隙使其牢固的木橛、木片等。
	髹（xiū）	1.把漆涂在器物上。2.古代称红黑色的漆。
	圩（xū）	集市。多音字，读（wéi）时：1.低洼地区防水护田的堤岸。2.有圩围住的地区。3.围绕村落四周的障碍物。
	券（xuàn）	拱券。建筑物上砌成弧形的部分。多音字，读（quàn）时：1.用于买卖或债务的契据。古代刻竹、木为券，常分为两半，双方各执其一，以为凭证，后用纸帛书写。2.信物。
Y	娅（yà）	连襟。古代姊妹的丈夫间相互的称呼。
	揲（yè）	1.箕舌（指接在簸箕底部向前延伸的板）。2.将物体捶薄。多音字，一读（dié），折叠；另读（shé）：1.古代数蓍草以占卜吉凶。2.积累。3.取。
	匜（yí）	古代盥洗时用来注水的器具。
	镒（yì）	古代重量单位。一镒等于二十两，一说等于二十四两。
	璎珞（yīng luò）	古代用珠玉穿成的戴在颈项上的装饰品。
	瀛（yíng）	大海。
	瘿（yǐng）	1.中医指生在脖子上的一种囊状的瘤子。2.树木外部因害虫侵蚀而形成的瘤状物。
	邕（yōng）	1.广西南宁的别称。2.邕江，水名。在广西。

顺序	生字词	释义
Y	猷（yóu）	计划；谋略。
	蝤蛑（yóu móu）	1.指梭子蟹。2.中药名。
	卣（yǒu）	古代盛酒的青铜器皿，口小腹大。盛行于商代和西周。
	牖（yǒu）	窗户。
	盂（yú）	盛液体的器皿。
	鬻（yù）	卖。
	垣（yuán）	1.墙；矮墙。2.旧时用为城市的代称。
	櫞（yuán）	即枸橼。又名香橼。
	钺（yuè）	1.古代兵器，青铜制，像斧，比斧大，圆刃可砍劈，商及西周盛行。又有玉石制的，供礼仪、殡葬用。2.古星名。
	樾（yuè）	树荫。
	昀（yún）	日光。
	筠（yún）	1.竹皮。2.借指竹子。多音字，读（jūn）时，筠连（jūn lián），地名，在四川。
	抎（yǔn）	有所失。
	恽（yùn）	姓。
Z	簪（zān）	1.簪子。2.插在头发上。
	錾（zàn）	1.小凿子。2.在金石上雕刻。
	瓒（zàn）	古代祭祀时用的玉勺子。
	牂牁（zāng kē）	古代郡名，在今贵州境内。
	缯（zēng）	古代对丝织品的统称。多音字，读（zèng）时为绑；扎。
	甑（zèng）	1.古代蒸饭的一种瓦器，底部有许多透蒸气的孔格，置于鬲上蒸煮，如同现代的蒸锅。2.甑子，现在蒸饭用的木制桶状物，有屉而无底。3.蒸馏或使物体分解用的器皿。
	璋（zhāng）	瑞玉名。形状像半圭，用作礼器或信玉。
	肇（zhào）	1.开始，初始。2.引发。
	赭（zhě）	红褐色。
	钲（zhēng）	古代的一种乐器，多用铜制，形似钟而狭长，有长柄可执，口向上以物击之而鸣，在行军时敲打。
	栉（zhì）	1.梳子、篦子等梳头发的用具。2.梳（头发）。
	袠（zhì）	同"帙"。
	冢（zhǒng）	坟墓。
	胄（zhòu）	1.头盔，古代作战时戴的保护头部的帽子。2.后代子孙。
	籀（zhòu）	1.籀文，汉字的一种字体。春秋战国时流行于秦国，今存石鼓文是其代表。亦称"大篆"。2.阅读。

生字词注音释义　289

顺序	生字词	释义
Z	苎（zhù）	苎麻，多年生草本植物。
	杼（zhù）	织布的梭子。
	箸（zhù）	筷子。
	淄（zī）	水名。在山东，流入渤海。
	驺（zōu）	古代给贵族掌管车马的人。
	镞（zú）	箭镞，又名箭簇，即金属箭头。
	俎（zǔ）	1.古代祭祀或宴会时用来盛放祭品或食品的器具。2.切肉用的砧板。
	樽（zūn）	古代的盛酒器具。
	酢（zuò）	客人以酒回敬主人。多音字，读（cù）时，同"醋"。

忆华年主要文博类出版物

博典·博物馆笔记书

已出版——
《故宫里的海底精灵》
《故宫里的晴空白羽》
《故宫里的瑰丽珐琅》
《故宫里的温润君子》
《故宫里的金色时光》
《故宫里的琳琅烟云》
《故宫里的夜宴清歌》
《故宫里的阆苑魅影》
《故宫里的诗经墨韵》
《故宫里的洛神之恋》
《故宫里的金枝玉叶》
《故宫里的花语清风》
《故宫里的天子闲趣》
《故宫里的丽人雅趣》
《故宫里的童子妙趣》
《故宫里的禅定瑜伽》
《故宫里的花样冰嬉》
《故宫里的森林"萌"主》
《渔舟唱晚·墨霖山海》

待出版——
《故宫里的丹心爱犬》
《故宫里的绿鬓红颜》
《故宫里的顽皮宝贝》
《故宫里的十二生肖》
《故宫里的百态造像（动物）》
《故宫里的百态造像（人物）》

全国博物馆通识系列·一本博物馆

已出版——
《一本博物馆 南京博物院》
《一本博物馆 陕西历史博物馆》
《一本博物馆 湖北省博物馆》
《一本博物馆 湖南博物院》
《一本博物馆 辽宁省博物馆》
《一本博物馆 大同市博物馆》
《一本博物馆 山东博物馆》
《一本博物馆 重庆中国三峡博物馆》
《一本博物馆 广西壮族自治区博物馆》

待出版——
《一本博物馆 中国（海南）南海博物馆》
《一本博物馆 广东省博物馆》
《一本博物馆 成都博物馆》
《一本博物馆 安徽博物院》

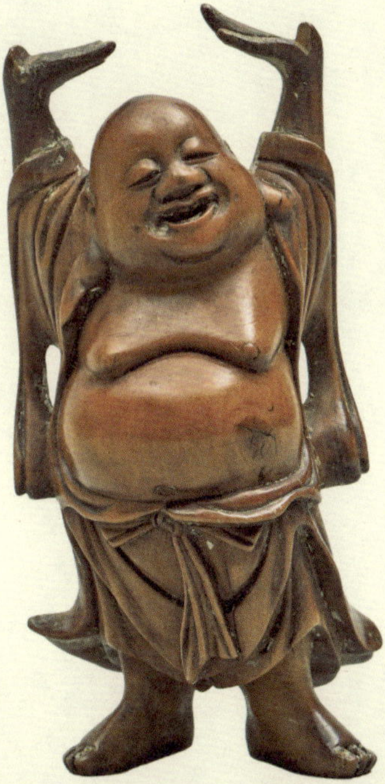

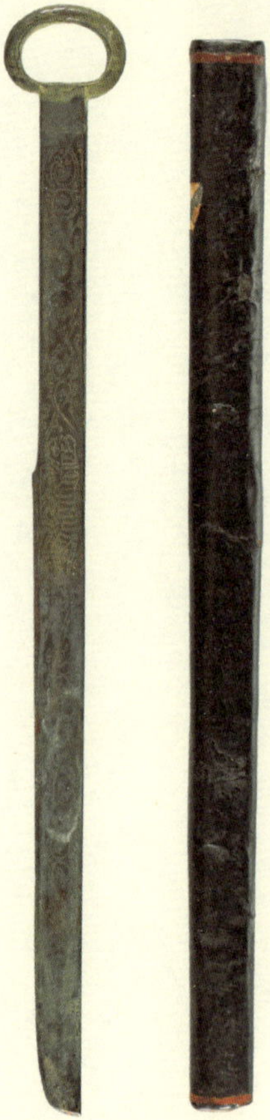

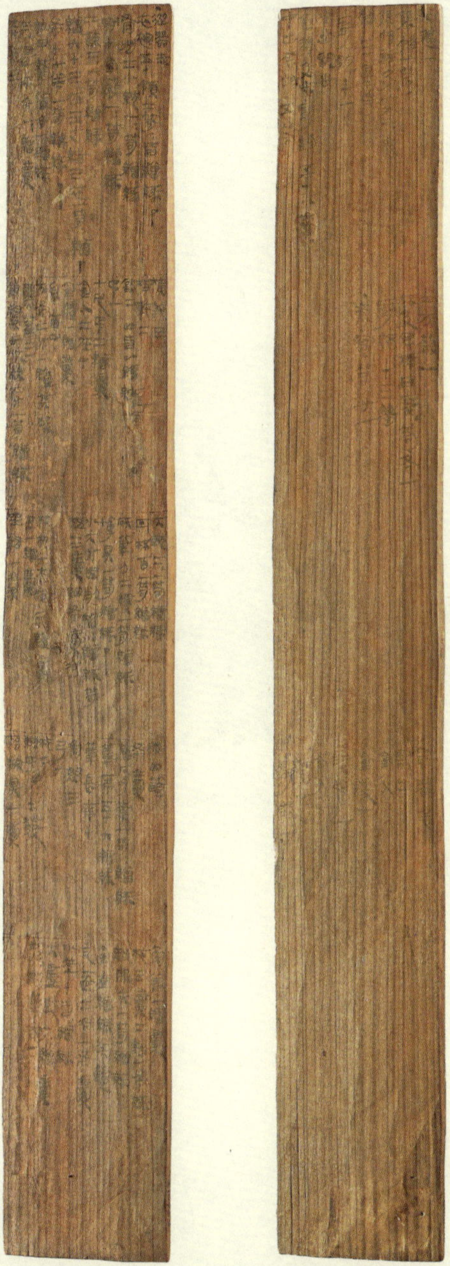

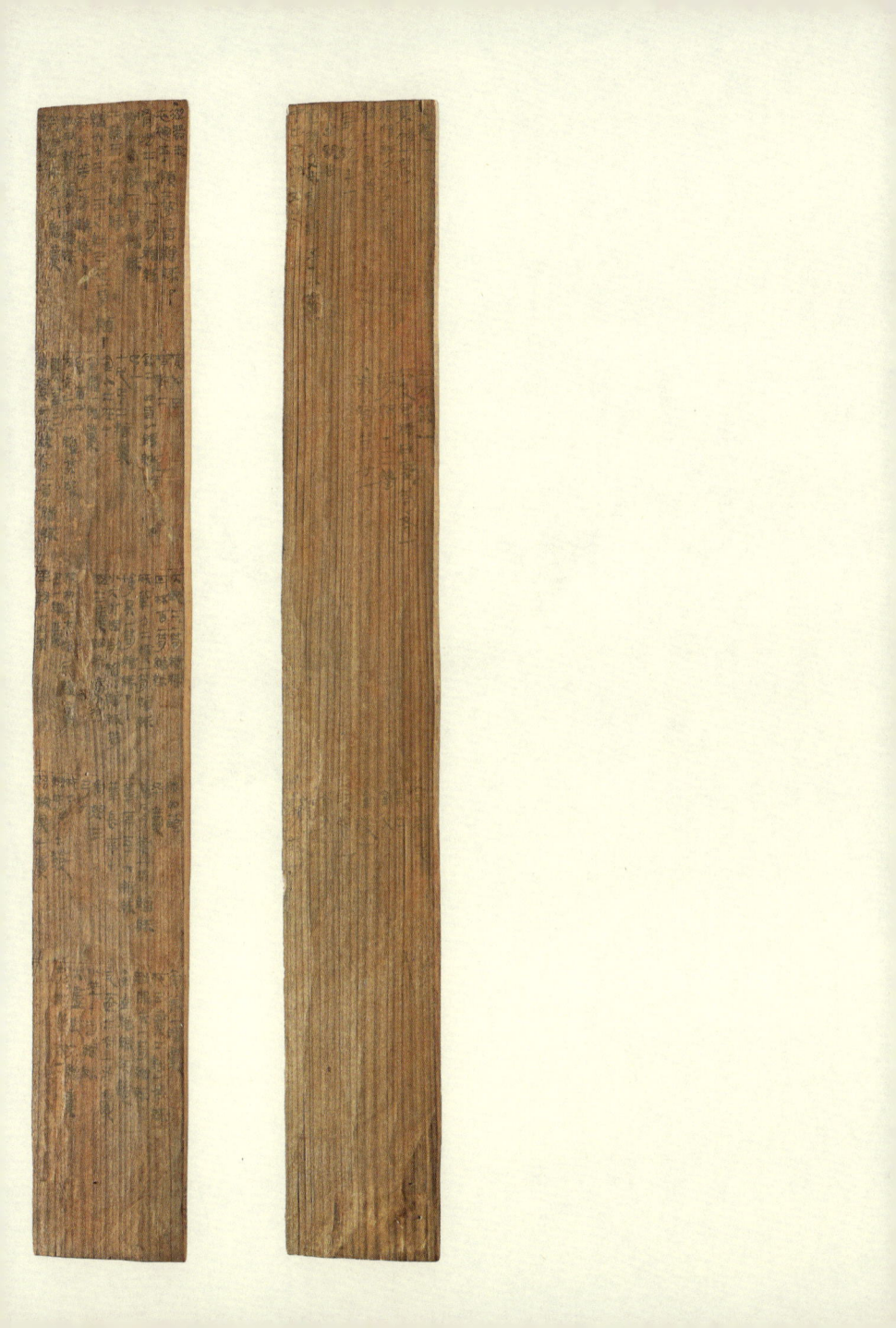

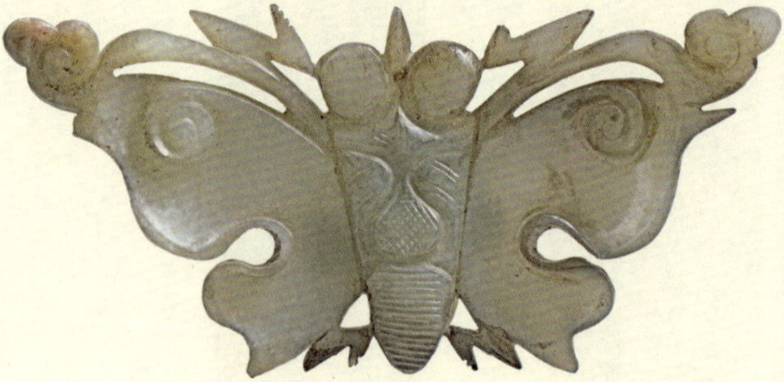

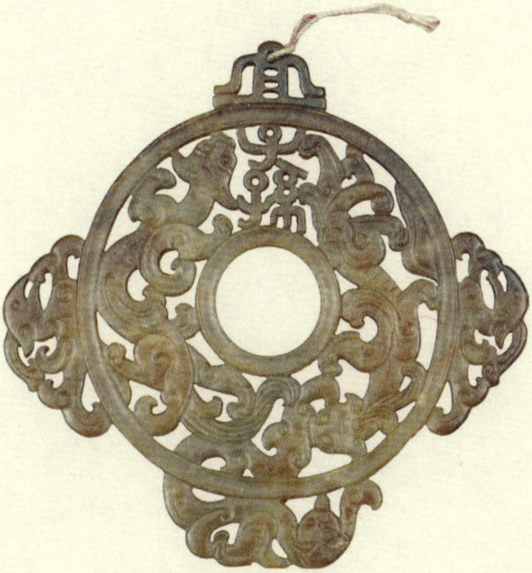

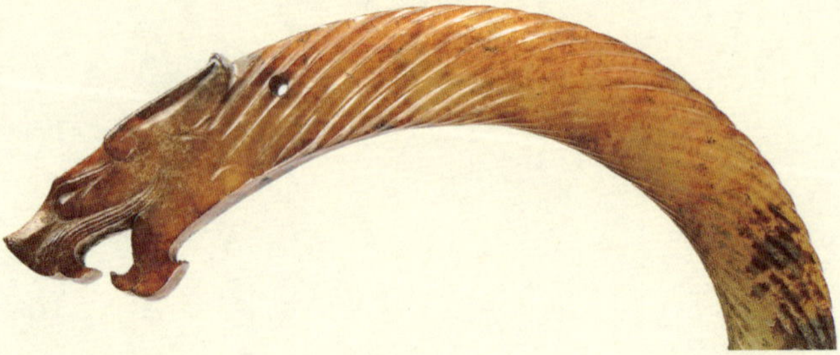

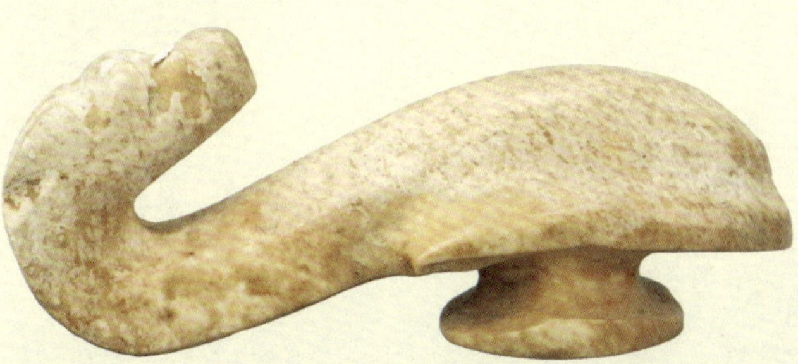

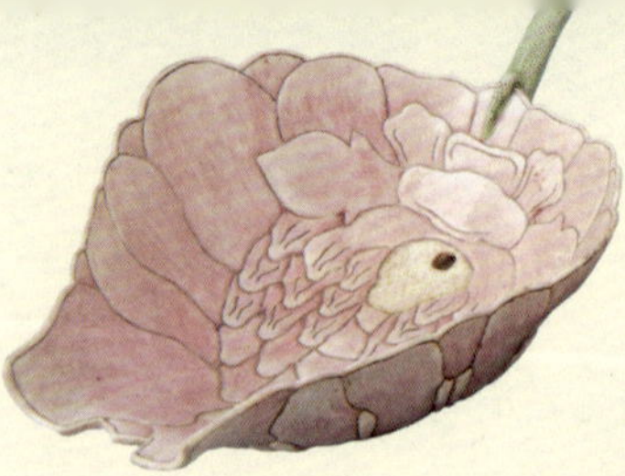
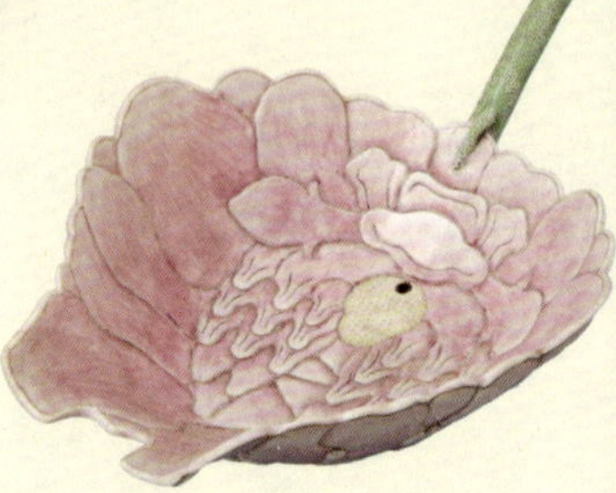

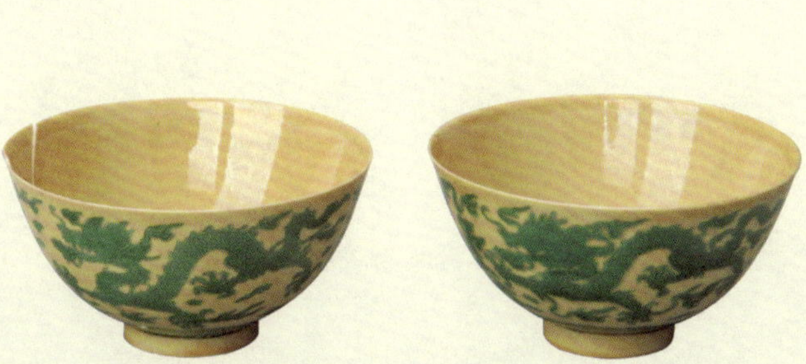

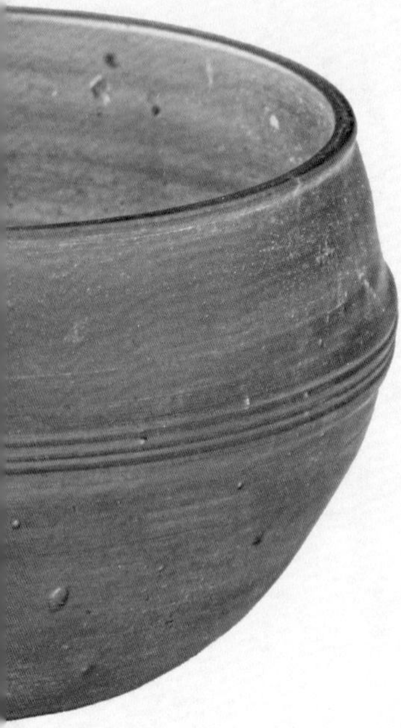

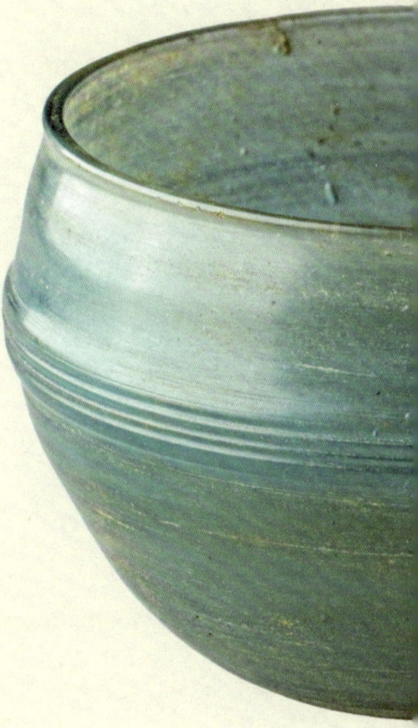

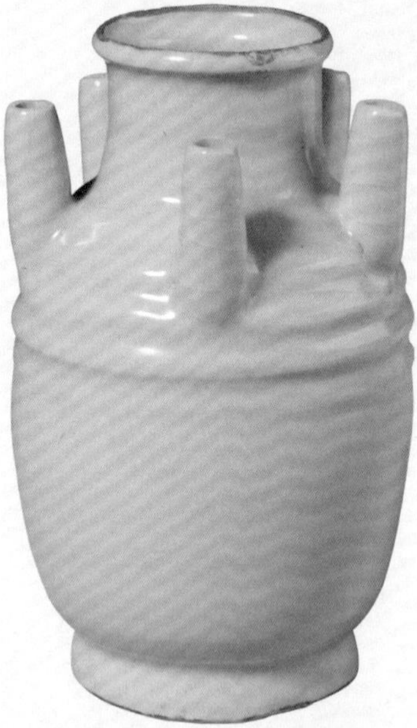

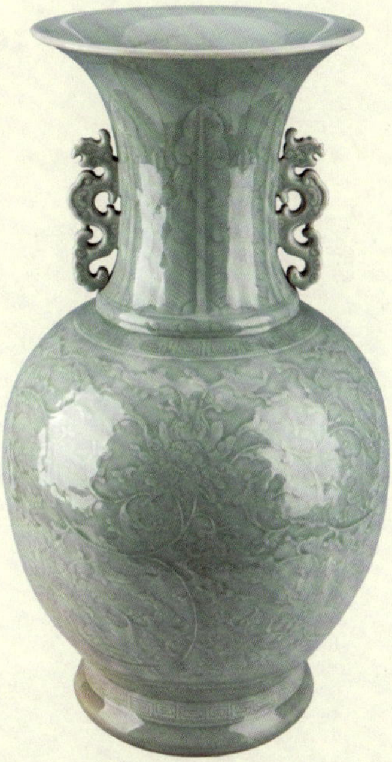

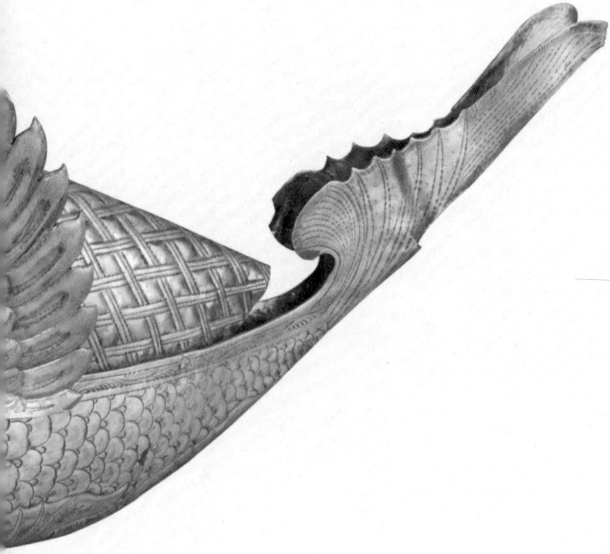

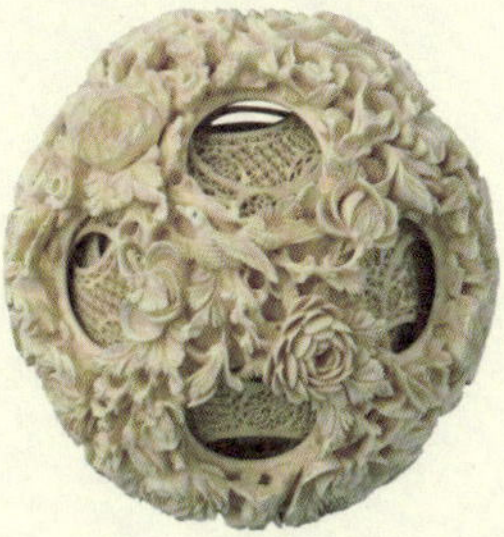

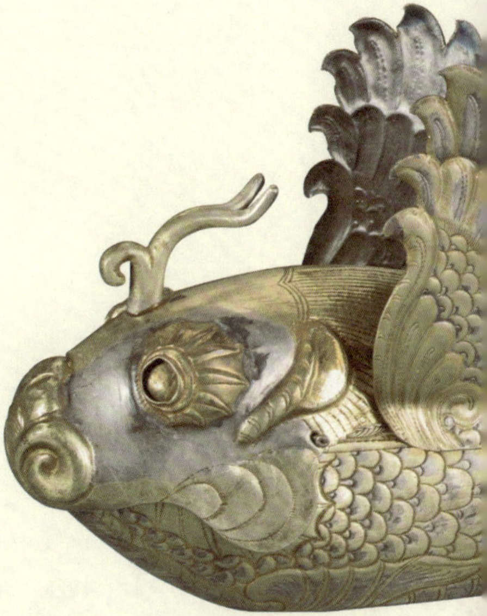

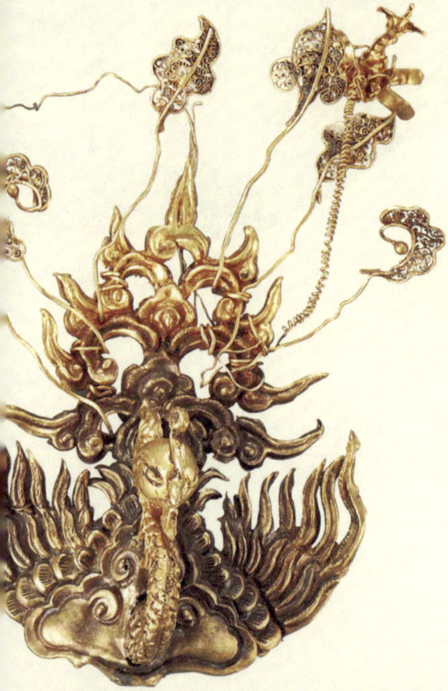

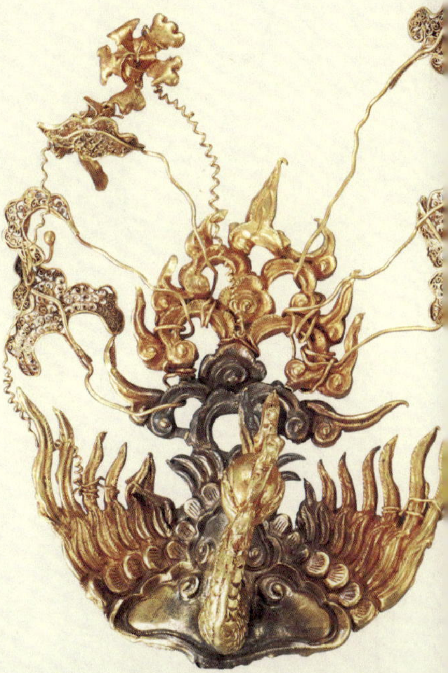

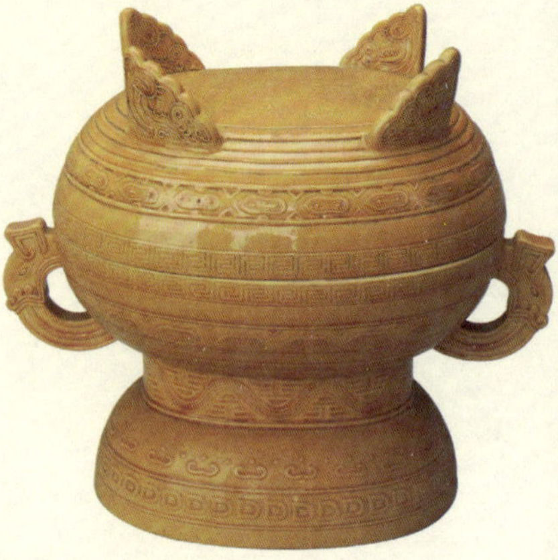

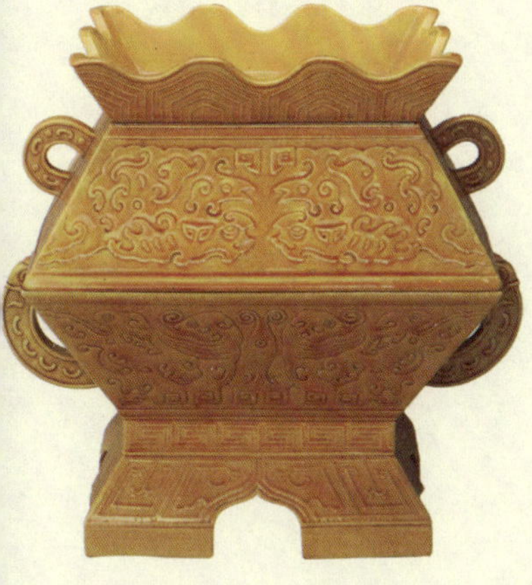

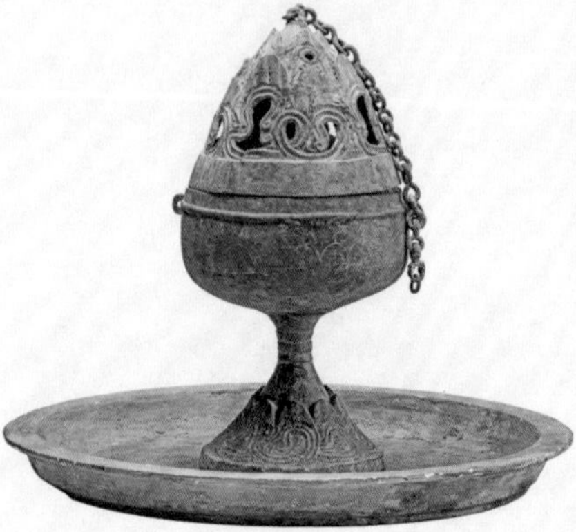

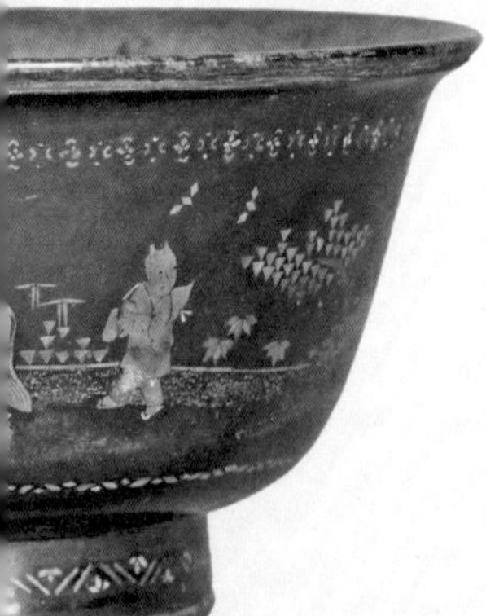

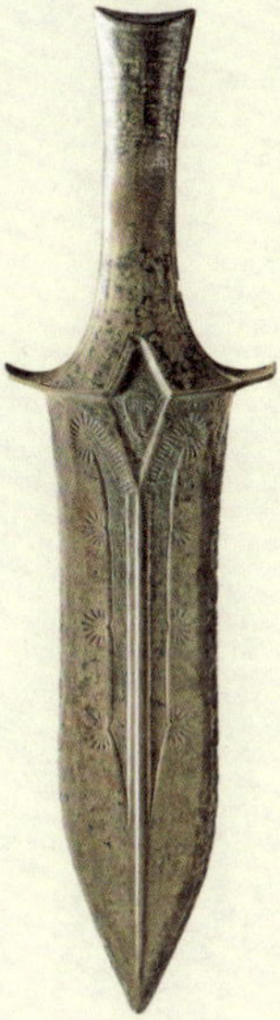
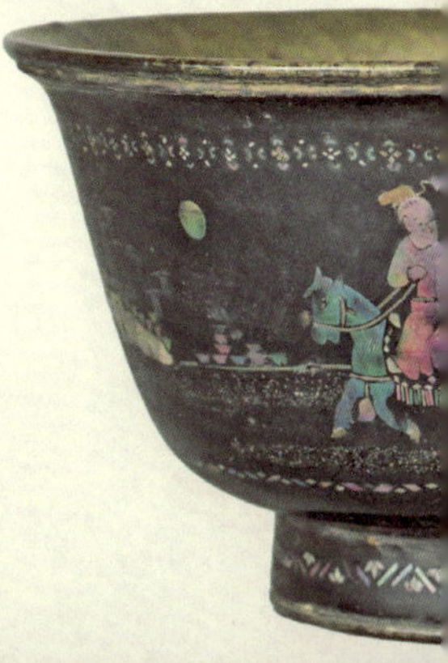

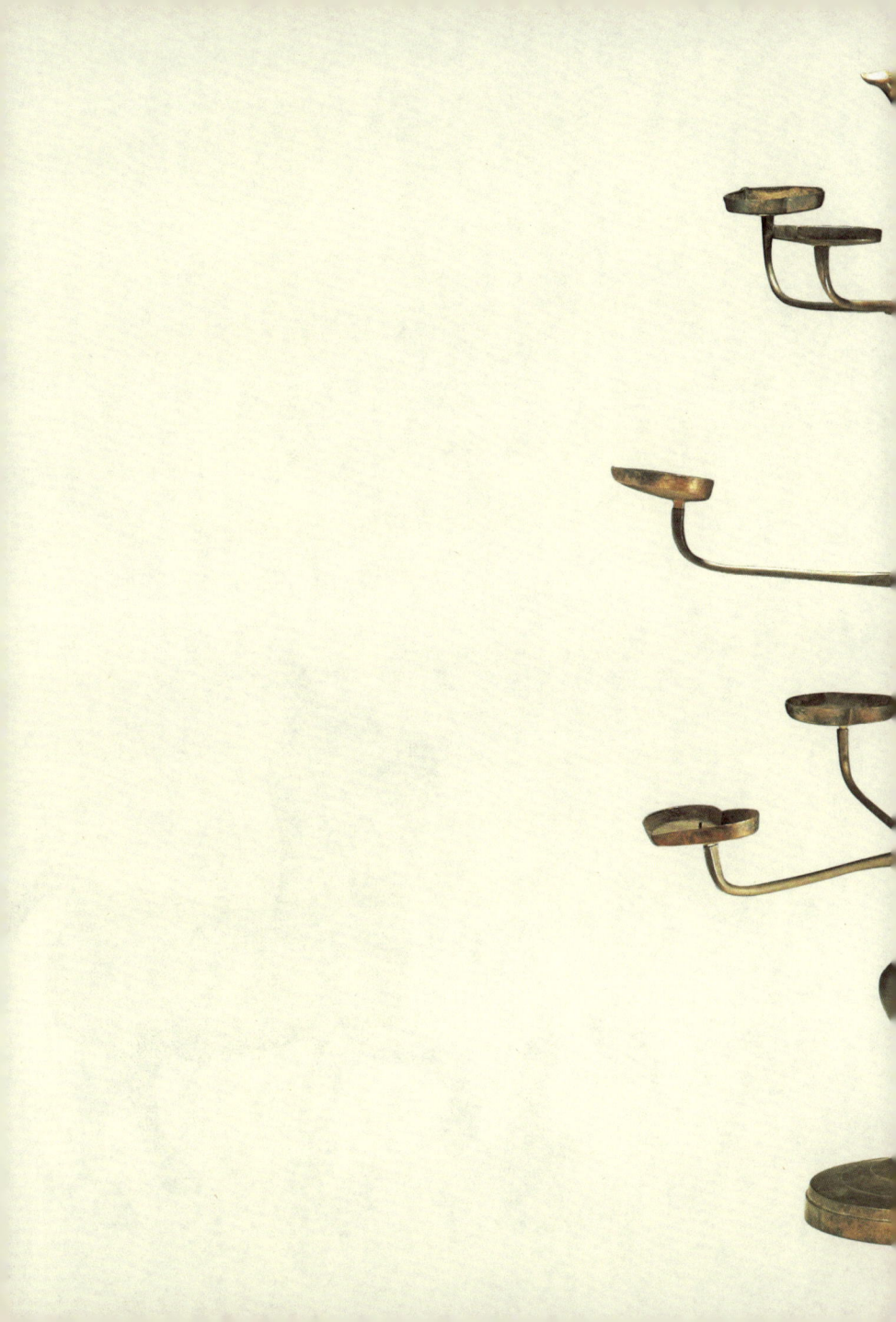

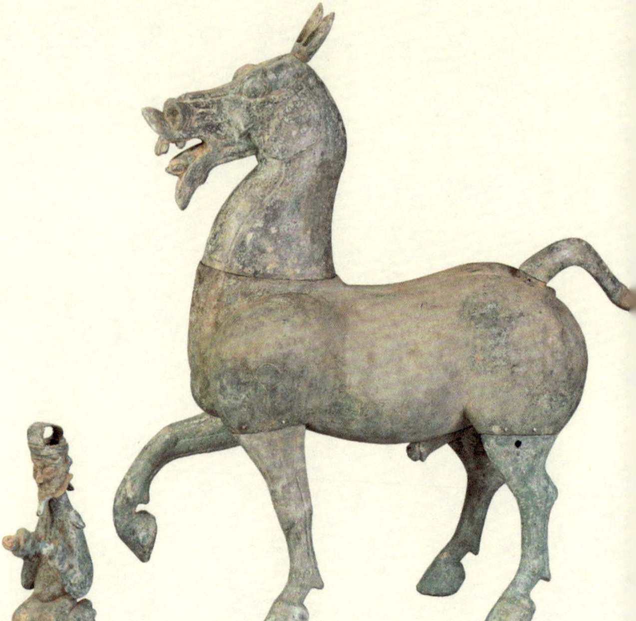

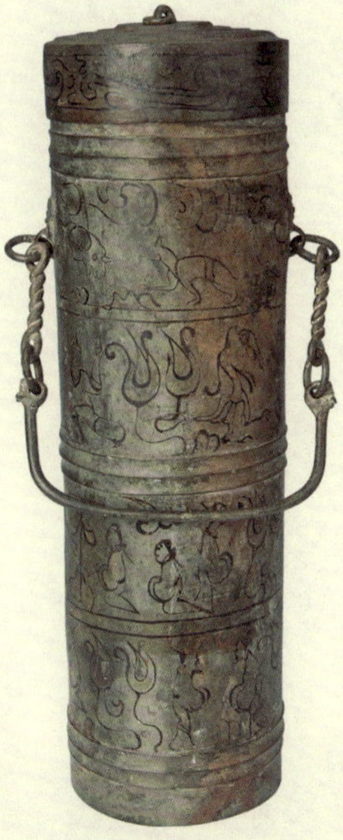

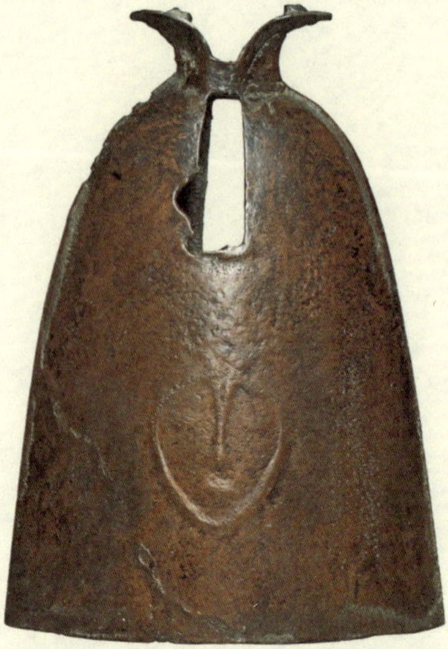

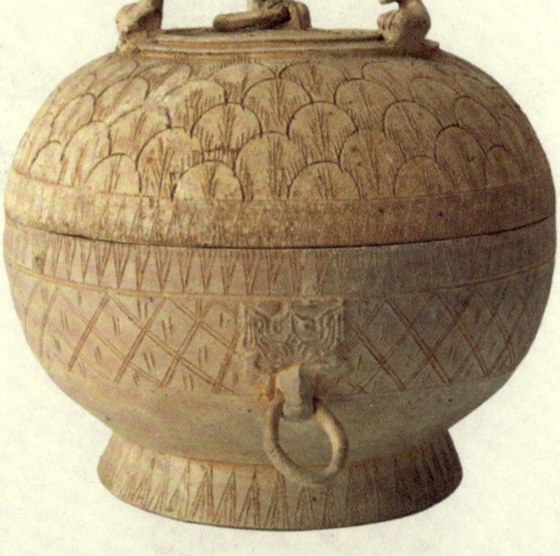

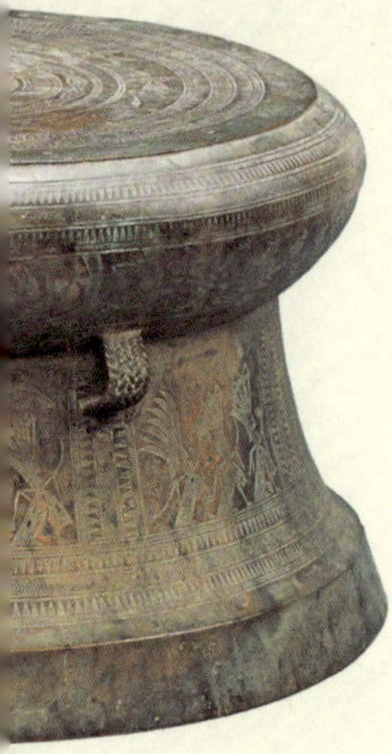

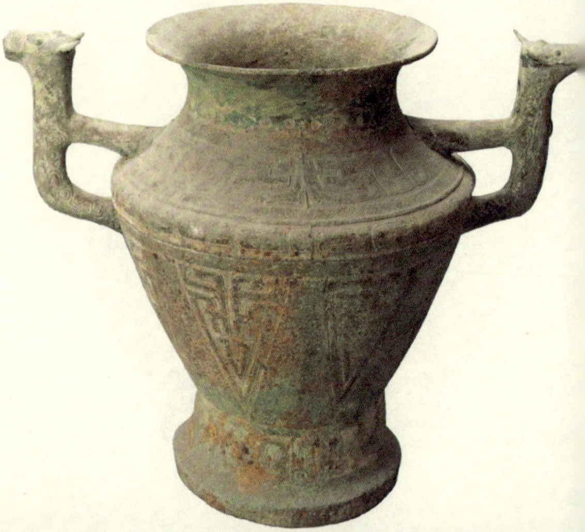

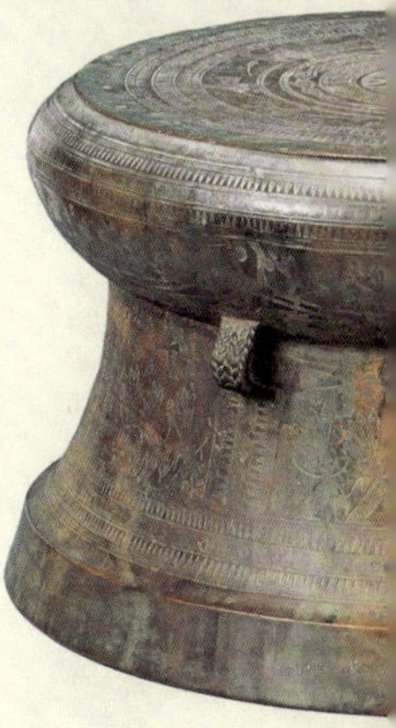

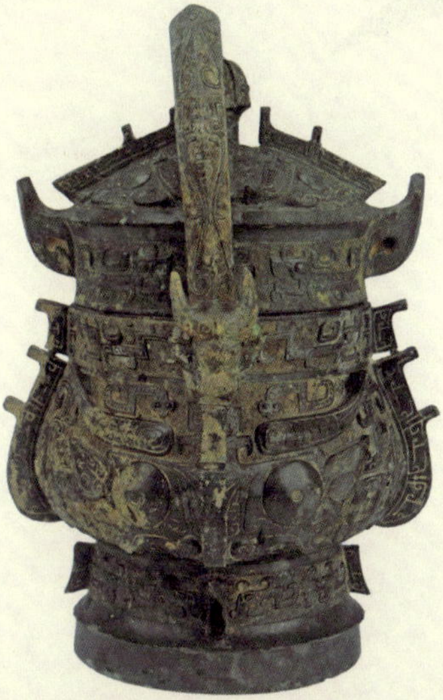

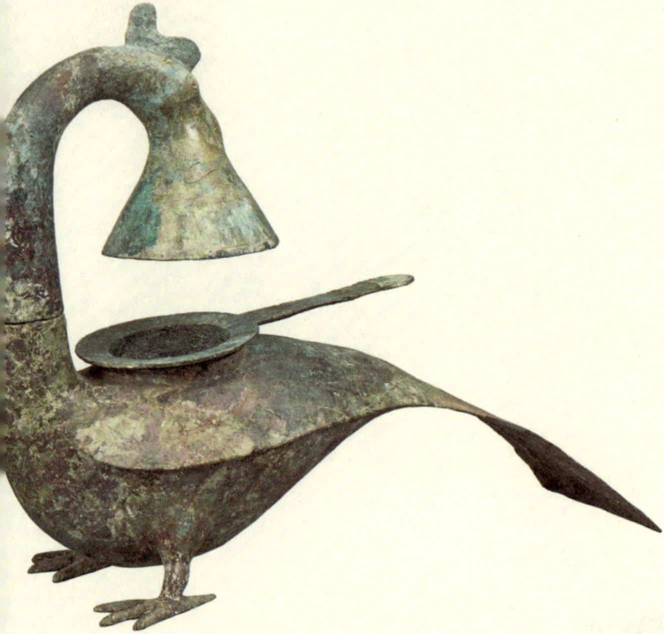

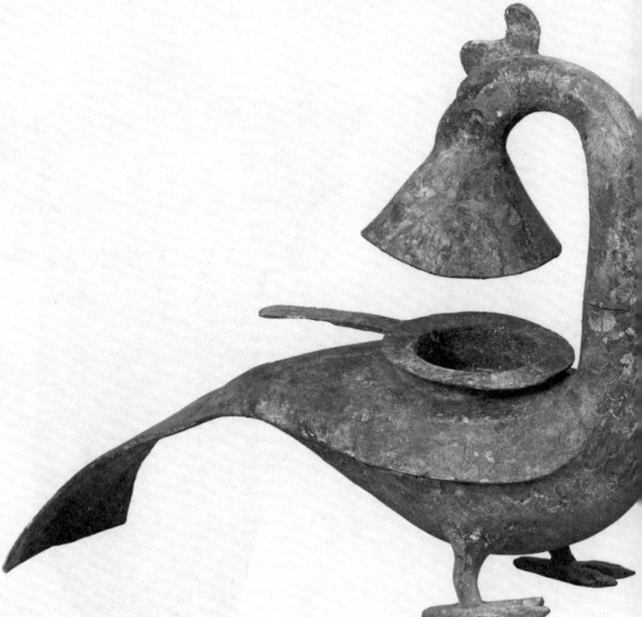

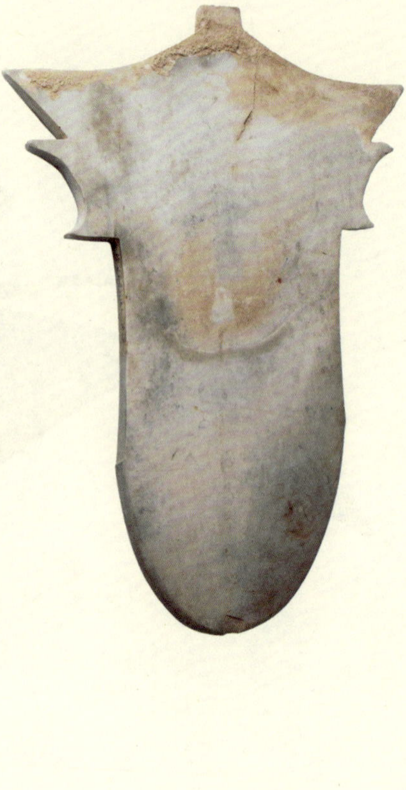